부자가 되는

풍수 인테리어

부자가 되는 풍수 인테리어

고바야시 사치아키 지음 | 김현남 옮김·감수

동도원

부자가 되는 풍수 인테리어

초판 1쇄 발행 · 2003년 11월 15일
초판 7쇄 발행 · 2008년 10월 14일

지은이 · 고바야시 사치아키
옮김, 감수 · 김현남

펴낸이 · 백운철
펴낸곳 · 동도원

편집 · 이병란 | 디자인 · 안정미
영업 · 이용호 | 관리 · 황현주

출판등록 · 1993년 10월 6일 제21-493호
주소 · 서울시 서초구 서초3동 1550-6번지 태림빌딩 6층(137-873)
전화 · (02)3472-2040 | 팩스 · (02)3472-2041
E-mail · dongdowon@paran.com

● 값은 표지 뒷면에 표기되어 있습니다.
● 파본은 바꾸어 드립니다.

ISBN 89-8152-052-6 (13140)

좋은 집터가 경제적인 여유와
행복한 인생을 부른다

'현명한 토끼는 집이 세 군데다'라거나 '소와 양이 사는 곳엔 물과 풀이 있다'는 말이 있습니다. 이 말을 새겨보면 문득 동물들도 풍수를 알고 있는 게 아닐까 하는 생각이 들곤 합니다. 어쨌든 좋은 집터를 정하는 것이 행복한 생활을 위해 중요하다는 것은 인간에게도 마찬가지일 것입니다.

사람 사는 곳에 따뜻한 바람이 불고 공기가 온화하며 물과 음식물이 충분하다면 가장 이상적인 공간이 아닐까요? 옛 사람들 역시 주거지를 정하는 가장 중요한 기준이 이와 같아 지세를 보기 위해 바람과 물을 살피는 풍수사상이 자연적으로 발생하게 되었던 것입니다.

하지만 자신이 원하는 조건을 모두 갖춘 집을 짓기란 여간 힘든 일이 아닙니다. 그래서 집을 지을 때는 자연환경과 잘 조화를 이루는 것이 아주 중요합니다. 실재로 햇볕이 잘 들고 바람이 잘 통하는 방은 건강에 좋지만 건조하고 어두운 방은 좋지 않습니다. 추위와 더위, 바람과 비, 습기와 건조 그리고 지나치게 밝거나 어두운 자연의 영향들은 그 집에 사는 사람의 건강과 기운을 해칠 수 있습니다.

이처럼 집의 영향은 눈에 보이지 않으면서 천천히 그리고 광범위하면서도 복잡하게 나타나기 때문에 모르고 지나치는 경향이 많습니다. 물론 좋은 풍수의 집에 살고 있다면 심신이 모두 건강해져 문제가 없겠지만 반대로 나쁜 풍수의 집에 살고 있는 사람은 오랫동안 축적된 좋지 못한 기의 영향을 받게 되어 평생의 뜻을 이루지 못할 수도 있습니다. 따라서 자기가 살고 있는 집을 제대로 진단하고 좋은 풍수로 바꾸는 노력이 반드시 필요합니다.

이 책은 행운, 건강, 성공, 재물 등 풍수로 얻을 수 있는 여러 가지 중에서 특히 부자가 되는 풍수 인테리어를 집중적으로 다루고 있습니다. 만일 당신이 경제적인 여유가 없어 고통 받고 있다면 가족의 건강과 행복 또한 기대하기 어려울 것입니다. 하지만 이 책을 통해 금전운을 높이는 방법들을 하나하나 실천해 나간다면 당신과 당신 가족 삶의 질을 향상시키는 좋은 기회가 될 것입니다.

김현남

이 책을 들고 당신 집의 동서남북을 둘러보십시오.
부자가 되는 길이 보입니다!

"**경제적인** 불안을 떨쳐 버리고 싶습니다."

"고바 씨, 제발 도와주세요. 남편이 회사를 그만두고 싶어해요."

"제가 일을 하지 않으면 저희 가족은 살아갈 길이 막막한데 권고사직을 받았습니다."

"아이들에게 지금부터 돈이 들어갈 텐데, 월급은 조금도 오르지 않고 보너스도 없습니다."

"대출금을 갚을 방법이 없습니다."

출판사에도, TV방송국에도, 라디오방송국에도, 나의 사무실은 물론이고 회사에도 많은 팩스와 편지 그리고 전화가 옵니다.

"책을 읽어도 우리 집과 딱맞는 배치가 없으니 꼭 집에 와 주세요."

"어디가 잘못된 것일까요. 친구들은 금전운이 좋아서 거뜬히 대출금을 갚고 있는데, 어떻게 해야 하는지 가르쳐주세요."

나는 주간지와 월간지, 무크지 그리고 TV와 라디오에서 열심히 풍수(風水)로 부자가 되는 방법을 가르치고 있습니다. 확실히 내가 집을 방문하여 인테리어를 고친 사람들은 모두 깜짝 놀랄 정도로 금전운이 좋아졌습니다.

가령 방 배치가 같더라도 입지조건이나 가족 구성, 채광, 풍광 또는 인테리어 소재나 색상 그리고 무늬도 다릅니다. 더구나 방 배치가 다르면 모든 면에서 딱 들어맞을 확률은 확실히 낮아집니다.

물론 방 배치별로 진단을 하고 부자가 되는 인테리어를 지도하는 지금까지의 방식으로도 충분히 Dr. 고바의 풍수는 효과적이라는 사람도 많지만 "매우 정확하게 효과를 보고 싶다" "우리 집에 딱 들어맞는 부자가 되는 풍수 인테리어를 알고 싶다"는 사람이 많기 때문에 좀더 많은 분들에게 효과가 높은 책을 쓰는 법을 깨달았습니다.

그것은 완전히 우연이었습니다. 새해 벽두에 라디오의 정규 프로그램에서 부자가 되는 풍수 인테리어 기술을 이야기한 것입니다. 그 때는 어떤 사람의 방 배치를 보면서 한 것이 아니라 방위별로 일반론을 자세히 설명했습니다. 어땠을까요? 연휴가 끝나자 감사 인사의 팩스와 전화가 방송국과 사무실로 오는 것이 아니겠습니까?

출연자 누군가를 위한 것도 아니고, 누군가의 방 배치를 테마로 한 것도 아니었습니다. 어디까지나 "집의 중심은 당신 집의 금고입니다. 깨끗합니까? 북쪽 방위는? 동쪽 방위는? 서쪽 방위는?"하고 부자가 되는 풍수의 일반론을 자세하고 꼼꼼하게 이야기한 것입니다.

"금년에는 서쪽에 황색과 흰색의 장식품들을 덧붙이십시오. 혹시 화장실에 창문이 없으면…… 혹시 부엌이라면"이라든가 어쨌든 어떤 배치에도 대응할 수 있도록 자세히 설명했습니다.

제 자신도 깜짝 놀랐습니다. 이제까지 충분히 도면을 실어 책이나 무크지를 통해 이야기했었는데도 모두 기본을 모르고 있었던 것입니다. 테크닉에만 신경을 쓰고 집이 갖는 저력을 풍수적으로 이용할 수 없었던 것이었죠.

그래서 이 책은 어떤 배치에도 적용할 수 있고 돈을 들이지 않고 바로 시작할 수 있으며, 금전운을 좋게 하여 풍요롭고 안락한 생활을 실현할 수 있는 내용으로 써 보았습니다.

이 한 권의 책을 한 손에 들고 당신 집의 중심(중앙)에서 순서대로 북·동북·동·동남·남·남서·서·북서의 8방위를 보고 돌아보십시오. 그리고 방위별로 써 있는 방의 항목을 되도록 충실하게 풍수적으로 적용해보십시오. 그것으로 당신 집은 금전운 체질의 집이 되고, 그 저력으로 당신을 비롯하여 당신의 가족 모두가 금전운 체질이 되어 돈이 몹시 궁하거나 자금난, 경영난 그리고 대출금 상환의 지옥으로부터 탈출할 수 있을 것입니다.

자! 이제 이 책을 한 손에 들고 가정에서 레저를 즐기는 마음으로 시작하십시오. 바로 깜짝 놀랄 효과를 보실 겁니다.

Dr. 고바(고바야시 사치아키)

차례

2장 집의 중심과 방위를 구하는 법

Part 2 우리집에 꼭 맞는 인테리어하기

3장 집의 중심에서 돈을 불러들인다

4장 집의 북쪽에서 돈을 불러들인다

5장 집의 동북쪽에서 돈을 불러들인다

8장 집의 남쪽에서 돈을 불러들인다

9장 집의 남서쪽에서 돈을 불러들인다

10장 집의 서쪽에서 돈을 불러들인다

11장 집의 북서쪽에서 돈을 불러들인다

Part 1

부자가 되는
풍수 인테리어의 기초

1장 부자가 되는 풍수 인테리어의 9가지 법칙

금전운을 좋게 하여 풍요롭고 안락한 생활을 실현할 수 있으며, 어떤 배치에도 적용할 수 있다. 기본이 되는 9가지 법칙을 살펴보자.

1. 금전운은 서쪽 방위로부터 다가온다
서쪽에 황색으로 금전운을 높인다

'금전운이 없는 집'이 있습니다. 다시 말해 금전운이 안 따라 아무리 일을 해도 돈의 혜택을 받지 못하는 집을 말합니다. 풍수에서는 이런 집을 '돈이 궁한 가상'(家相), '돈이 궁한 인테리어'로 부르는데, 돈이 황금색으로 빛나면서 다가오는 서쪽 방위에 결함이 있는 집은 반드시 돈의 혜택을 받을 수 없습니다.

돈, 다시 말해서 금전운은 여러분의 집이 만들어내고 잠을 자고 있는 동안 여러분의 신체에 흡수되어 가는 것입니다. 그 금전운은 서쪽 방위로부터 여러분의 집으로 다가옵니다. 그러므로 여러분 집의 서쪽 방위의 공간은 금전적인 길흉에 대단히 중요합니다.

'서쪽에 황색으로 금전운을 높인다'라는 문구가 Dr. 고바 풍수의 대명사로 되어 있는데, 이 풍수법이 왜 이렇게까지 많은 사람들의 금전운을 높이는 격언이 된 것일까요? 그것은 서쪽에 화장실·욕실·세면대·부엌이 있거나, 집이나 방에 결함이 있어 결국 금전운이 없는 집에 살고 있는 사람들이 얼마나 많은지를 보여주는 것입니다.

내가 8년 전에 TV에서 '서쪽에 황색으로 금전운을 높인다'라고 부자가 되는 풍수 인테리어를 발표한 날은 꽃집에 황색 꽃이 품절되었다고 합니다. 그 후에도 원색이나 파스텔 톤의 인테리어 상품이 점점 인테리어 가게에 진열되었고, 꽃도 원예도 화려하게 되었죠. 즉 밝은 색의 사용이 풍수의 힘(Power)을 상승시키는 것입니다.

Dr. 고바는 많은 사람들의 집을 보았지만, 우선 서쪽 방위의 공간을 체크합니다. 지금 당신 집의 서쪽 방위는 부자가 되는 풍수 인테리어로 되어 있습니까?

금전운은 자고 있는 동안 신체에 스며든다
중심에 모여드는 금전운이 풍수의 파워다

금전운은 집에 묵고 있으며 당신이 자고 있는 사이에 당신의 신체에 흡수되고 있습니다. '왜 자고 있는 사이일까'는 다음과 같은 이유 때문입니다.

우리들은 우리가 살고 있는 지구로부터 중력을 받고 있지만 지구의 파워, 다시 말해 대지의 풍수적인 파워는 태양의 빛이 없이는 성립되지 않습니다. 거기서 인간과 지구와의 관계, 지구와 태양과의 관계는 두 개의 '중심'(中心)이라는 말에 의해 파워가 표현됩니다.

지구는 태양계의 혹성으로 태양을 '중심'으로 공전하고 있습니다. 이것이 지구와 태양의 관계입니다. 또한 우리가 지구상에 살고 있는 것은 지구에 인력(引力)이 있기 때문입니다. 만약 지구에 인력이 없다면 우리 몸은 둥실둥실 우주 공간 속에서 떠다닐 것입니다. 인력은 지구의 중심을 향하고 있는 힘입니다. 여기에도 '중심'이라는 말에 의해 지구와 인간의 관계를 나타내고 있습니다.

그렇다면 집과 지구에 관해서는 어떠할까요. 형태가 있는 것은 반드시 '중심'을 가집니다. 따라서 중심이 있으므로 지구와의 관계가 바르게 성립한다고 말해도 좋을 것입니다. 다시 말해 집에도 중심이 있으므로 집이 지구의 파워를 받아들이는 목적을 충분히 다하는 것입니다. 이러한 점에서 앞서 말한 것들은 모두 '중심'이라는 말의 관계를 나타내는 것으로 중요한 것입니다.

한편 풍수의 금전운 파워는 서쪽 방위로부터 집의 중심을 목표로 다가와 집의 여러 방위 공간에서 단련되고 축적되어 갑니다. 이때 금전운은 집의 형태나 균형 잡힌 인테리어 등 환경의 힘에 의해 길흉·

강약·경향 등을 가지고 여러분의 집 중심에 모여들게 됩니다.

이것이 바로 풍수의 파워입니다. 결국 집의 중심은 운기(運氣)의 금고인 것입니다. 그리고 그 중심에 모여진 금전운은 당신 신체의 중심을 향해 흡수되어 가는 것입니다.

이때 풍수에서 말하는 신체의 중심은 심장도 배꼽도 아닙니다. 중심은 우리들이 가만히 활동하지 않는 사이에 '신체 중에 중심이 된다'라고 말할 수 있는데, 그것은 잠자고 있을 때입니다. 즉 잠을 자고 있는 사이에 집의 운기가 당신의 신체에 흡수되고 있는 것입니다. 다시 말해 '중심'이라는 부분에 운기가 집중하고, 이 운기가 중심을 향해 이동하는 것입니다. 결국 흡수하거나 방출하는 것입니다.

이러한 이유로 풍수에서는 취침을 중요한 행동으로 생각하는 것입니다. 또한 '풍수는 침상학이다'라고 일컫는 근거도 바로 여기에 있습니다.

그러므로 '인간이 하늘과 땅 사이에서 평등하게 그 생명을 받고 살아가고 있는 동안에는 어떤 토지의 어떤 집에서 살고 있는가에 의해 그 행복은 만들어진다' '좋은 풍수의 집에서 잠을 자는 일이 행복하게 되는 방법이다' '사는 집이 좋은 풍수라면 누구나 행복해질 수 있다' '불행하게 되는 것이 행복하게 되는 것 보다 어렵다. 혹시 행복하지 않다면 집이 당신을 불행하게 하고 있는 것 뿐이다'라고 단언하는 풍수의 양기론(陽基論)은 '중심'이라는 말에 의해 표현되고 있는 것입니다.

3 집의 액을 청소로 털어내면 금전운이 좋아진다
정확한 방위를 찾아내고 깨끗이 청소한다

잠을 자고 있는 동안 집으로부터 당신의 신체에 금전운이 들어오게 되는데, 그 파워를 충분히 살리려면 다음과 같은 점을 주의해야 합니다.

'서쪽에 황색이 아무런 효과가 없다'는 사람의 집을 가보면, 풍수적으로 효과가 없는 3가지 이유가 있습니다.

① 집의 중심을 찾는 방법이 잘못되어 있어 중심이라고 생각했던 장소가 90㎝ 이상 벗어나 있었습니다.
② 방위가 틀려 있었습니다. 즉 서(西)가 남서(南西)이거나 북서(北西)로 되어 있었습니다(북쪽 방위는 자북(磁北)이 맞습니다).
③ 집 청소가 충분하게 되어 있지 않고, 통풍이 나쁘고, 침구가 더럽고, 햇빛이 들지 않는 등 주거 환경이 나쁜 집이 많았습니다.

집이 더럽혀져 있다는 것은 집에 액이 붙어 있다는 것입니다. 그러면 모처럼 들어온 금전운도 더러워진 상태의 금전운이 되어 당신의 신체에 들어가도 깨끗하게 작용하지 않게 됩니다.

결국 '서쪽에 황색'이라도 효과가 없어지고 맙니다. 그렇기 때문에 '집의 액은 청소로 털어낸다'고 하는 것입니다. 아마도 정확한 방위

 **풍수가 효과 없는 집에는 많은 잘못이 있다**

북쪽 방위를 잘못 나타낸 집

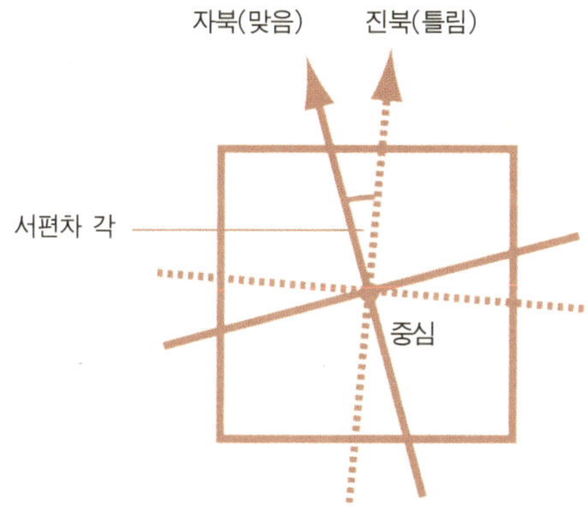

베란다나 밖으로 튀어나온 창문을 빼지 않고 중심을 구한 집

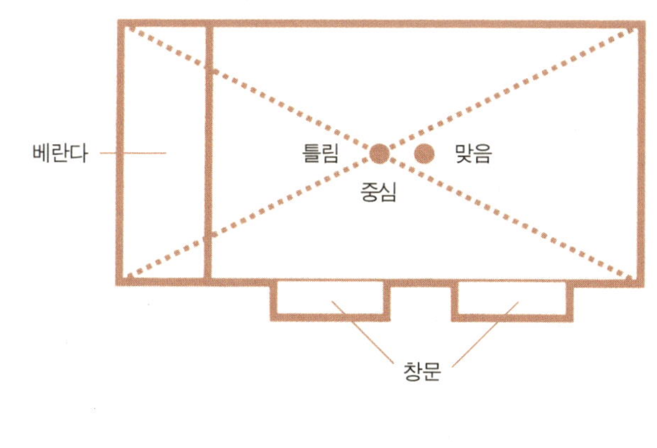

를 찾아내어 청소를 하면 효과가 좋아질 것입니다.

4 몸에 붙은 액을 털어내면 금전운이 높아진다
좋은 풍수의 집이란 액을 제거하는 파워가 강한 집을 말한다

집은 풍수적으로 금전운이 충분한데 조금도 효과가 없는 것에는 또 하나의 이유가 있습니다. 그 이유는 '몸에 액이 붙어있기' 때문입니다. 여기서 말하는 액이란 당신 몸에 붙어있는 더러움 같은 것입니다. 이것은 "나는 매일 목욕해서 더러움 따윈 없어"라고 말하는 그런 더러움이 아니라 행운을 막고 있는 보이지 않는 더러움의 벽을 뜻하는 것입니다.

나는 이것을 '일상액'(日常厄)이라고 부르고 있는데, 일상적인 생활을 하고 있는 것만으로 당신의 신체 주변에는 보이지 않는 더러움의 때 또는 먼지가 붙어 있어 그것이 자고 있는 동안에 당신 신체에 흡수되어야할 금전운을 방해하고 있는 것입니다. 결국 '서쪽에 황색'이 흡수되지 않으므로 효과가 없는 것입니다.

그러면 당신 몸에 붙어 금전운이 높아지는 것을 방해하고 있는 액을 털어 내려면 어떻게 하면 좋을까요.

한마디로 '액운을 제거하는 풍수'가 필요하게 됩니다. 그러므로 우리들이 모르는 사이에 몸에 붙어 행운을 막고 있는 일상액은 다음과 같이하여 제거하십시오.

　현관은 액을 털어내는 공간이므로 우선 현관에서 일상액을 털어내야 합니다. 현관이 넓어 좋은 풍수라면 일상액을 현관에서 털어내어 당신의 신체로부터 액이 제거되고 깨끗하게 되기 때문에, 자고 있는 사이에 집의 중심 공간에서 당신 신체에 금전운이 쑥 들어옵니다. 혹시 현관이 좁아서 좋은 풍수가 아니라면 내가 가르쳐주는 데로 '좋은 풍수 인테리어'를 하십시오.

　그리고 매일 현관을 물로 씻고 닦으십시오. 현관에서 애완용 동물을 기르고 있다면 깨끗이 청소하십시오. 우산꽂이나 자전거는 밖으로 내놓고 청소합니다. 또 골프용품 등을 아무렇게나 내팽개쳐 놓았다면 이것도 깨끗이 정돈하십시오.

　그런데 현관에서 다 제거하지 못할 정도의 액을 가지고 돌아오는 사람도 있습니다. 그 사람은 욕실 · 화장실 · 세면대 등의 공간에서 액을 털어내야 합니다. 욕실에서는 탕 안에서 액을 녹여 흘러나가게 합니다. 만약 매일 욕조 안의 더운 물을 흘려 내보내지 않으면 액이 언제나 집 안에 남아 있게 되는 것입니다. 결국 다음날 액이 가득한 물로 세수하는 것은 액을 얼굴에 묻히는 것과 같습니다.

　거듭 말하자면 베개커버나 시트도 매일 빠는 것이 최상입니다(시트는 무리겠지만 말이죠). 그리고 잠옷도 세탁한 것을 입고 주무십시오. 금전운이 좋은 상태로 당신 신체에 들어오게 됩니다.

　세면대나 화장실도 마찬가지로 항상 청소하여 깨끗이 해두는 것으로 액을 제거할 수 있습니다. 방치해두면 아무리 좋은 풍수의 집이라도 그 액에 의해 파워를 잃습니다. 좋은 풍수의 집이란 액을 제거하는 파워가 강한 집, 나쁜 풍수의 집이란 액을 제거할 수 있는 파워가 약한 집인 것입니다.

5 집 중심의 파워가 높아야 금전운의 혜택을 받는다
집의 좋고 나쁨은 중심에 있다

이제 감각이 좋은 당신은 충분히 이해하셨을 것입니다. '중심이라는 금고'에 모여 있는 금전운은 중심이 좋은 풍수가 아닌 집에는 축적되지 않습니다. '집의 좋고 나쁨은 중심에 있다'라는 풍수의 격언은 이것을 말하고 있는 것입니다. 여기서 중심이란 중심점에서 반경 90cm 이내를 말하는데 그러면 금고가 없는 집이란 어떤 집일까요. 나는 다음과 같은 경우가 해당된다고 생각합니다.

① 중심이 집안에 없는 오목형(凹)의 집과 같이 가운데에 커다란 정원이 있거나 어느 한쪽이 일그러진 집.
② 중심에 계단이 있거나 지붕이 없는 집(중간에 천장이나 마루를 두지 않고 2층 이상의 높이로 지은 집).
③ 중심에 부엌이나 욕실·화장실·세면대 등의 물을 사용하는 장소가 있는 집.

중심에 파워가 없어 금전운의 혜택을 받지 못하는 집의 유형

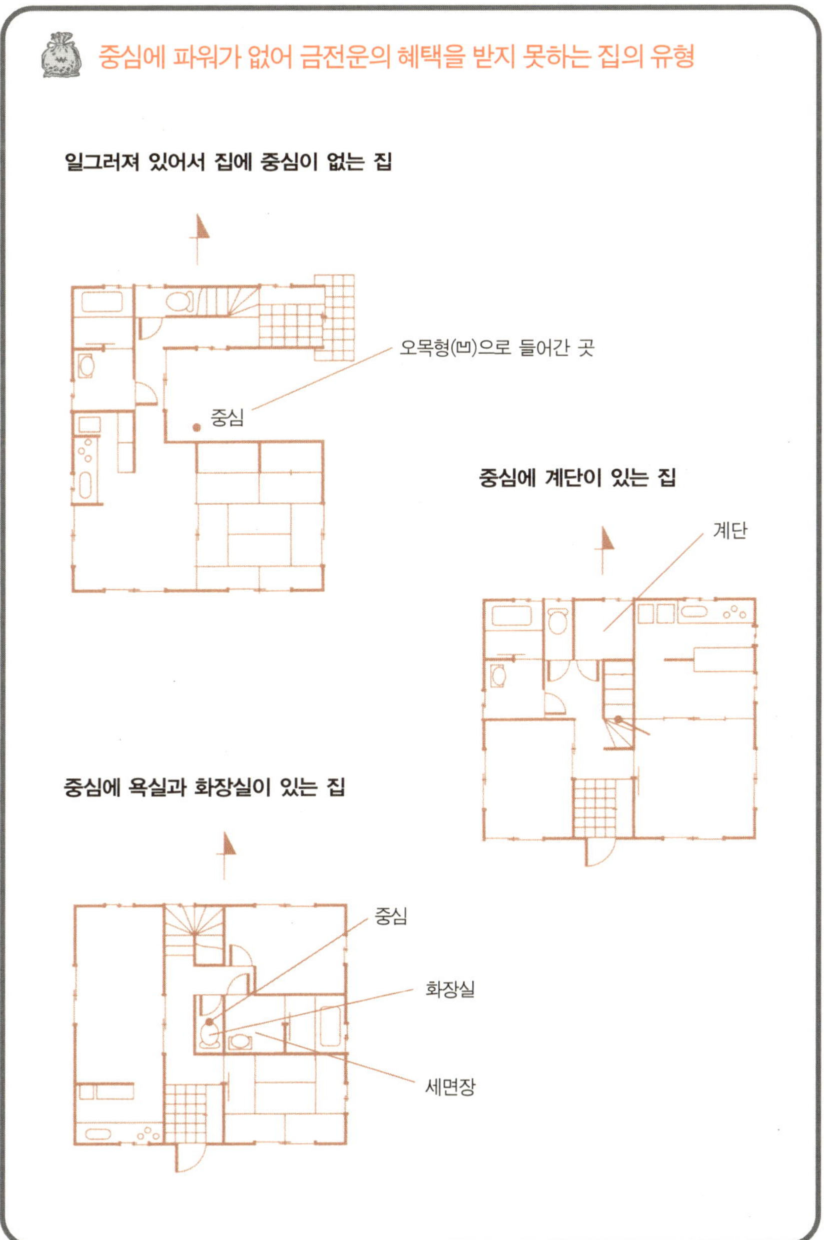
일그러져 있어서 집에 중심이 없는 집
오목형(凹)으로 들어간 곳
중심
중심에 계단이 있는 집
계단
중심에 욕실과 화장실이 있는 집
중심
화장실
세면장

'기(氣)가 집중하지(모여들지) 않는다'라는 이유이지만, '중심'이 '양택 풍수' 즉 풍수 인테리어의 키워드인 점을 알고 있는 당신은 이제 충분히 이해했을 겁니다. 아무리 서쪽과 북쪽, 동쪽에 풍수 인테리어로 좋은 풍수를 했다고 해도 집 중심에 금고가 없으면 어쩔 도리가 없는 것입니다.

최근에 지어진 맨션이나 아파트의 풍수를 보면 중심 가까이에 부엌이나 화장실이 있는 공간 배치가 많습니다. 특히 돈이 부족해 고민하고 있는 사람들의 대부분은 집 중심에 물을 사용하는 장소가 있거나 계단이 있어, 그 때문에 서쪽과 북쪽이라든가, 북쪽과 동북쪽이라든가, 서쪽과 동북쪽 방위 등 결함이 있는 공간 배치의 집에 살고 있습니다.

돈은 북쪽 방위에서 쑥쑥 자란다
금고를 북쪽에 두는 것이 부자가 되는 풍수 인테리어다

서쪽에 황색의 인테리어를 배치하고, 돈이 좋아하는 인테리어를 설치한 당신의 집에 금전운은 서쪽으로부터 옵니다. 그리고 우선 당신 집의 중심을 향해 들어옵니다. 이때 서쪽에서부터 중심까지의 공간에 결함이 없으면 금전운은 집의 중심까지 나아갑니다.

중심에 도달하면 이번에는 정북 방향에 자력(대지 속을 남쪽에서 북쪽으로 향해가는 지자력(地磁力))을 타고 향합니다. '돈은 어둡고 시원한 곳을 좋아한다'라는 풍수의 금전운 격언에도 있듯이, 어둡고 시원한 곳은 북쪽을 가리키는 것입니다. 다시 말해 춥고 어두워서 싫다고 생각되는 북쪽의 방이 사실은 돈을 가장 좋아하는 것입니다.

그래서 부자가 되는 풍수 인테리어에서는 북쪽을 중요하게 생각하여 '금고는 북쪽 방향에 두라'든가 '북쪽으로 머리를 두고 자며, 베개 밑에 돈을 두라'고 말합니다.

만약 당신 집의 북쪽 방위가 더러워져 있거나, 오목형(凹)이거나, 욕실·화장실·세면대·부엌 등이 있거나, 비좁고 어두운 현관이 있다면 돈이 머물 장소가 없는 것입니다. '돈은 북쪽에서 쑥쑥 자란다'라는 장소 즉 돈이 모일 수 있는 장소가 없는 것이지요.

이래서는 금전운이 크게 높아질 수가 없고 돈이 모일 수도 없습니다. '수입은 많은데 돈이 모이지 않는' 집은 북쪽에 결함이 있기 때문입니다.

귀문을 더럽히면 재산을 잃는다
귀문은 금전운을 재산으로 만들어 주는 중요한 공간이다

어렸을 때 '귀문(鬼門)을 좋은 풍수로 해두면 재산을 모을 수가 있다. 반대로 귀문을 더럽히면 재산을 잃는다'고 어른들로부터 자주 들었습니다.

흔히 '귀문은 무섭다'고 하지만 귀문은 절대로 무섭지 않습니다. 다만 귀문을 깨끗이 해두면 재물을 만들어주는 공간이 되지만, 더러워지면 재산을 잃는 파워가 있을 정도의 무서운 공간이 되는 것입니다.

혹시 수입은 있는데 꾸준히 모아도 좀처럼 재산이라고할 만한 것이 없다든지, 어느 순간에 돈이나 재산이 날아가 버린다면, 그것은 귀문의 파워가 약하거나 귀문에 결함이 있기 때문입니다.

당신의 집은 어떠합니까? 귀문에 어둡고 더러워진 현관이 있는 사람은 곧바로 깨끗이 하고 Dr. 고바의 부자가 되는 풍수 인테리어를 따라 좋은 풍수로 바꿔 보십시오.

귀문 방위에 화장실이 있는 사람은 병원으로 지출되는 비용이 많지 않습니까? 귀문에 부엌이 있는 사람은 애써 모은 재산이 쓸데없는 일로 지출되어 버리지 않습니까?

귀문에 욕실이나 세면대 등 물을 사용하는 장소와 그 밖의 공간이 더러워져 있거나 큰 결함이나 커다란 창이 있는 사람은 좋은 풍수 인테리어를 하지 않으면 재산이 남아나지 않습니다.

애완용 동물을 기르고 있는 사람은 귀문의 공간에 동물의 식사나 화장실을 두면 그만큼 금전운도 재산도 줄어듭니다. 바로 옮겨 보십시오.

귀문은 당신의 금전운을 재산으로 만들어 주는 중요한 공간입니

금전운이 통하는 길

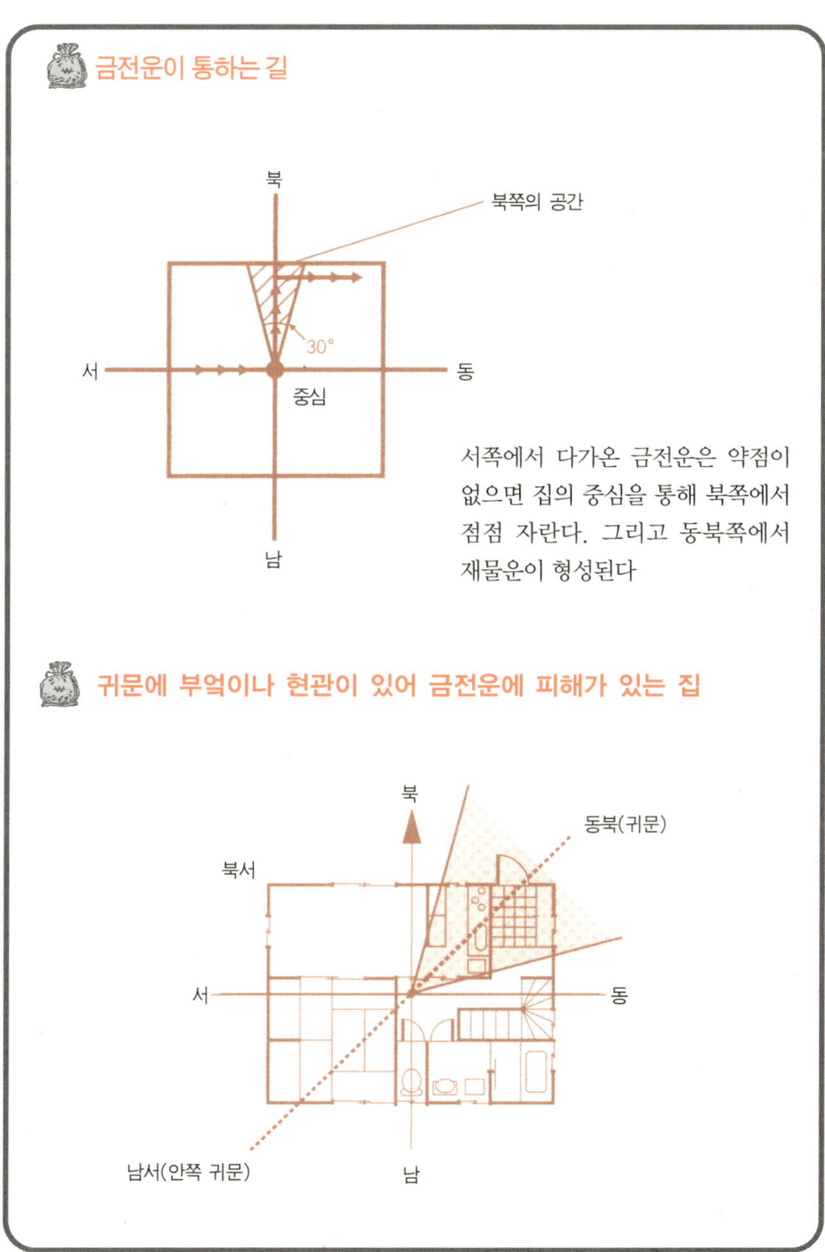

서쪽에서 다가온 금전운은 약점이 없으면 집의 중심을 통해 북쪽에서 점점 자란다. 그리고 동북쪽에서 재물운이 형성된다

귀문에 부엌이나 현관이 있어 금전운에 피해가 있는 집

다. 금전운을 높이는 빠트릴 수 없는 공간, 즉 '귀문방을 깨끗하게 하면 재산운이 상승한다'입니다.

3 서·북·동북쪽의 3방위가 금전운을 결정한다
서쪽에서 돈이 들어와 북쪽에서 자라고 동북쪽에서 재산이 된다

서쪽 방위로부터 돈이 들어와 중심을 지나 북쪽 방위에서 쑥쑥 자라고, 동북쪽 방위에서 재산이 형성되는 것입니다. 결국 이 세 방위를 좋은 풍수로 하면, 우선 어떤 금전적인 결함이 있는 당신이라도 금전운이 지금보다 좋아질 것입니다.

"뭐야. 그런 거였어"라고 조급하게 생각하지 마십시오. 이 책에서 내가 이야기하고 싶은 것은 그것만으로 완전하고 완벽한 부자가 되는 풍수 인테리어가 좀처럼 되지 못한다는 점입니다.

지금까지 꽤 여러 권의 책을 썼지만 주거는 정말 천차만별입니다. 한사람 한사람에게 꼭 맞는 집의 모양(家相)이나 인테리어를 표현하는 일이 어렵다는 것은 말로 표현할 수 없습니다. 그러한 한계에 부딪힌 나의 눈을 열어준 것은 앞서 말한 라디오 방송에서의 경험이었던 것입니다.

이 책은 그 라디오 방송에서 이야기한 것을 더욱 자세하고 철저하게 표현한 것이며, 금전운을 높이는 인테리어 일러스트를 첨가했습니다. 이것으로 완전하고 완벽해졌습니다.

그래서 다시 한번 '서쪽에 황색'이라는 것을 써 두겠습니다.

9 서쪽에 황색, 보라색 그릇에 소금담기
청소와 보라색 그릇에 소금담기, 서쪽에 황색으로 금전운을 높인다

자주 '동자기둥이 올라간다'(출세한다)라든가 '동자기둥이 올라가지 못한다'(출세하지 못한다)라고 말하는데, 이 동자기둥이란 원래 건축 용어로써 마룻대로 쓰는 목재 즉 지붕을 바치고 있는 가장 위의 횡재(橫材, 대들보)를 아래에서 견고하게 지탱하고 있는 부재(部材)를 말합니다.

그런데 1999년은 토끼(卯)의 해였고, 2000년은 용(辰)의 해였습니다. 이 2년간은 하늘로 오르는 파워가 있어 마치 동자기둥이 올라가듯 토끼로 뛰어올라 용으로 하늘에 오르는 중요한 기간이었던 것입니다.

이와 같은 파워가 집안의 용맥에도 있습니다. 집의 중심은 금고로써 현관에서 중심, 중심에서 대각선으로 이어지는 용맥 위에 있습니다. 그래서 현관에 용의 장식물을 놓고 용맥을 나타내는 고귀한 색인 보라색 그릇에 소금을 담아 집을 깨끗하게 함으로써 금전운이 상승하는 것입니다.

또한 '서쪽에 황색'은 몇 천 년이 지나더라도 변하지 않고 금전운을 상승시키는 풍수의 법칙입니다. 지금까지 쭉 그래왔던 것입니다. 단지 여러분이 알지 못했던 것 뿐입니다.

아무리 이 책에서 금전운이 높아진다고 해도 '청소'와 '서쪽에 황색'을 잊지 말아 주십시오. 나 Dr. 고바의 집이야말로 이 두 가지는 꼭 계속해서 지키고 있습니다. 현관은 매일 물로 닦고 서쪽에 있는 좁은 빈 공간에는 귤나무를 심었습니다.

그리고 매주 일요일 아침에는 집의 여덟 군데에 담아 놓은 소금을 아이들이 교체합니다. 사실은 3일에 한 번 교체하면 좋겠지만 좀처럼 그렇게 하지 못해 일주일에 한 번씩 교환합니다.

자, 그럼 이제 '청소를 하여 집을 깨끗이 하고, 필요한 곳에 놓고 보라색 그릇에 소금을 담아, 서쪽에는 황색 장식물을 배치함으로써 금전운을 높인다'를 기본으로 하여 방위별로 금전운을 높여 부자가 되는 풍수 인테리어를 출발해봅시다.

2장 집의 중심과 방위를 구하는 법

집의 중심과 방위를 정확하게 구하는 것이 기본이다. 이들 기본을 파악하고 나면
어떤 방 배치라도 부자가 되는 풍수 인테리어를 실천할 수 있다.

집의 중심을 정확하게 구하는 것이 기본이다
중심을 바로 구해야 8방위를 정확하게 구할 수 있다

각 방위별로 부자가 되는 풍수 인테리어에 관해서 말하기 전에 여기에서는 중심과 북쪽을 비롯한 각 방위를 구하는 방법 등 풍수의 기초에 대해 설명하겠습니다. 또 이제까지 집의 방위를 구하는 방법에 대해서는 여러분으로부터 질문이 많았기 때문에 혼동하기 쉬운 사례에 대해서도 해설하겠습니다.

이들 기본을 파악하여 각 방위별로 정리된 장을 읽으면 어떤 방 배치라도 이 책 한 권으로 부자가 되는 풍수 인테리어를 실천할 수 있

습니다. 차분히 당신 집의 중심과 8방위를 정확히 확인하여 실천하
십시오. 1개월 정도로 조금의 변화가 나타나며, 3개월 정도가 되면
확실한 변화가 나타납니다. 그리고 반드시 금전운은 당신 집에서 축

집의 중심을 구하는 방법

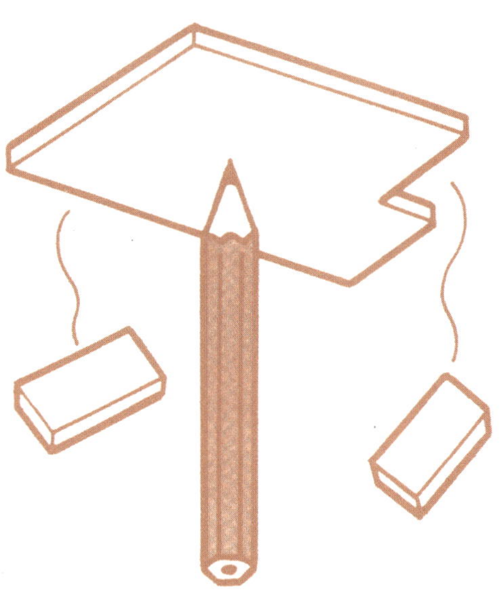

집의 평면도를 두꺼운 종이에 붙이고, 외벽의 선을 따라서 잘라낸다.
이때 출창이나 포치 · 베란다 · 툇마루 등은 잘라낸다.
이것을 연필의 끝이나 컴퍼스의 바늘 끝 등에 올려놓아 균형을 잡고,
이 지점을 집의 중심으로 한다.

적이 됩니다.

정확하게 8방위를 구하기 위해서는 집 중심이 중요합니다. 집 중심(中心)이란 집의 중심(重心)을 의미합니다. 정방형이나 장방형의 집이라면 그 대각선의 교차점이 중심이 되지만 그렇지 않은 경우가 많겠지요.

우선 당신 집의 평면도를 두꺼운 종이에 붙입니다. 도면이 없으면 손으로 그린 것도 좋으므로 되도록 정확히 그리십시오. 그리고 외벽의 선을 따라 출창(出窓, 바람벽 밖으로 내민 창)이나 포치(porch, 지붕을 잇는 현관 앞의 차를 대는 곳), 베란다·툇마루는 잘라냅니다. 연필 끝이나 바늘 등 끝이 뾰족한 것 위에 올려 놓고 균형이 잘 잡히는 점이 바로 집의 중심이 됩니다. 층수가 있는 주거의 경우에는 1층은 1층의 중심을, 2층은 2층의 중심을 각각 조사하여 생각하십시오.

나온 곳과 들어간 곳이 있을 때 집의 중심 구하는 법
출창이나 포치·베란다·툇마루 등은 잘라내고 중심을 구한다

일반적으로 튀어나온 곳은 플러스 파워, 쑥 들어간 곳은 마이너스 파워가 있다고 생각합니다. 예를 들면 동남쪽 방위에 나온 곳이 있으면 동남쪽의 파워가 넘치는 집이고, 북서쪽 방위에 들어간 곳이 있으면 북서쪽의 파워가 부족한 집이라고 생각합니다.

‘나온 곳’은 돌출한 부분, ‘들어간 곳’은 안으로 들어간 곳이지만, 풍수에서는 나온 곳과 들어간 곳을 다음과 같이 판단합니다.

평면도의 각 주변을 3등분하여 9개의 방으로 나눕니다. 그리고 이 방의 크기보다 작게 안으로 들어가 있는 곳이 들어간 곳이 됩니다. 마찬가지로 이 방의 크기보다 조금 튀어나온 부분이 나온 곳이 됩니다. 반대로 방의 크기보다도 크게 들어가거나 나온 곳은 들어간 곳이나 나온 곳이 되지 않습니다.

여기에서 주의해야할 것은 귀문의 동북쪽과 안쪽 귀문(裏鬼門)의 남서쪽 방위입니다. 이 방위는 에너지를 항상 정상으로 유지해두고 싶어 하기 때문에 플러스 파워인 나온 곳이 있더라도 플러스가 되지 않고 마이너스가 되고 맙니다.

또 너무 지나치게 튀어나와도 좋지 않습니다. 9분의 1을 넘게 나오면, 나오지 않은 부분의 들어감 즉 결함의 작용이 커지므로 좋지 않습니다. 그렇기 때문에 8방위에 균형이 알맞게 나온 것이 가장 이상적인 형태입니다.

혹시 들어가 있는 곳의 방위가 좋은 방위(吉方位)일 경우 지붕이 부착된 차고나 헛간을 만듭니다. 그것이 어렵다면 식물이나 꽃을 두거나, 그 방위와 풍수상 좋은 인테리어나 행운의 색상, 행운의 아이템을 두고 마이너스 면 즉 결함을 보완하십시오.

나온 곳(凸)과 들어간 곳(凹)이 있는 경우의 중심을 구하는 방법은 앞에서 설명했듯이 평면도를 두꺼운 종이에 바르고 균형이 잡히는

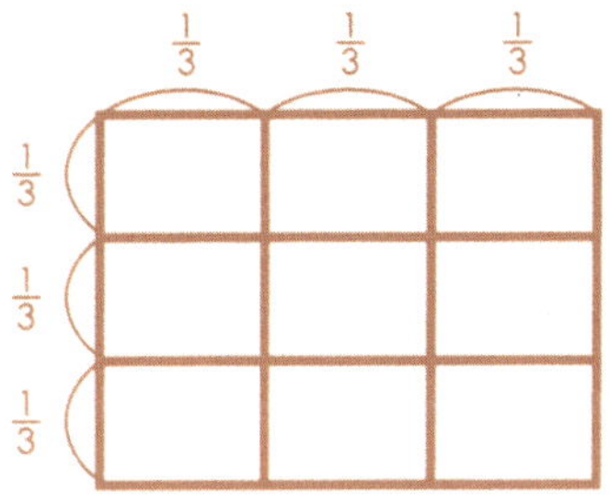

평면도의 각 변을 3등분하여
9개의 칸으로 나눈다

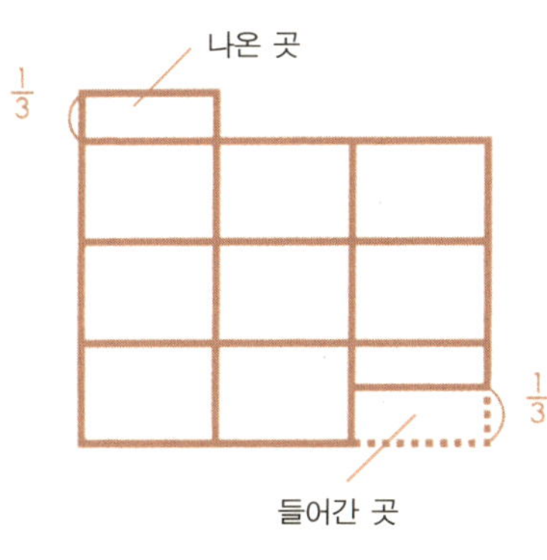

한 변의 $\frac{1}{3}$ 이하, 즉 9등분한
하나의 방보다 각 변이 적은
경우로 튀어나와 있는 부분을
'나온 곳', 들어가 있는 부분을
'들어간 곳' 이라고 한다

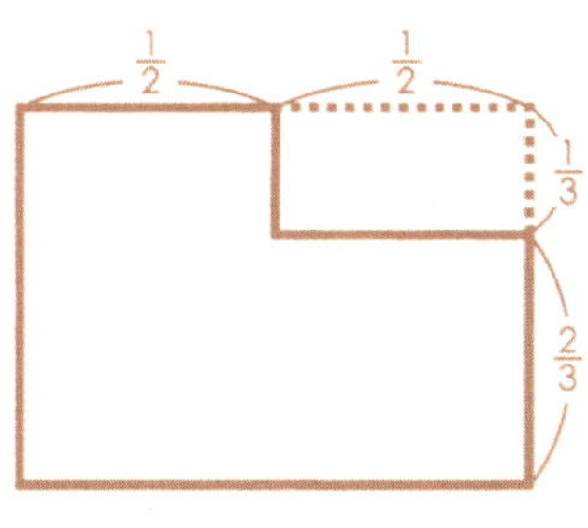

들어가지도 나오지도 않은 예

지점을 찾아내는 것입니다. 이때 출창(出窓)이나 베란다, 발코니나 툇마루의 부분이 나와 있더라도 나온 곳이 아니라는 사실에 주의하십시오.

또한 파이프 스페이스와 미터 박스가 있는 경우가 있습니다. 파이프 스페이스란 중·고층 주택에서 급수용과 배수용의 파이프나 가스, 전기 등의 배관을 한 곳에 모아 위에서 아래로 통하게 하는 공간입니다. 또 미터 박스란 공동 주택 등의 현관문 근처에 있는 전기 등의 미터기가 모아 놓은 박스입니다. 일반적으로 'PS, MB'로 표현되고 약간의 공간을 점하고 있는데 점유 부분의 일부입니다. 따라서 집의 방위를 나눌 때는 잘라내지 말고 그대로 남겨두십시오.

자칫 그 부분은 사용하지 않으므로 '들어간 곳'이라고 생각하기 쉽지만 들어간 곳이 아닙니다. 그 대신 집 바깥쪽에서 이들 스페이스가 있는 부분의 방위에 맞는 풍수 처리를 해주십시오.

3 베란다와 썬룸이 있을 때 집의 중심 구하는 법
기둥이나 지붕, 창이 있다면 중심을 구할 때 포함한다

집의 중심을 구하기 위해 도면을 두꺼운 종이에 붙일 때 베란다 부분은 잘라냅니다. 방위를 구할 때도 베란다는 제외시키십시오. 다만 베란다에도 지붕과 기둥이 있고, 창문 등이 붙어 있으면 중심을 잡을 때 그 공간을 하나의 방으로 생각합니다. 이때는 집의 중심에서 베란다 부분의 방위도 구합니다.

지붕이 붙어있지 않아 방으로써 집에 포함되지 않는 베란다의 경우 거기에 커튼이나 꽃을 장식할 때에는 역시 방위를 생각하지 않으면 안 됩니다. 일반적으로 집 중심에서 보아 베란다가 어느 방위에 있을까를 생각합니다.

그리고 썬룸에 유리로 된 지붕 등이 붙어있는 경우에는 중심을 구할 때 그 공간도 포함합니다. 앞에서도 언급을 했지만, 기둥이나 지붕이 있고 창이 붙어 있다면 하나의 방으로 생각합니다. 집 중심에서 썬룸의 방위를 내어 풍수 인테리어를 실시해보십시오.

현관 포치가 있을 때 집의 중심 구하는 법
현관의 들어간 곳에는 모서리에 기둥을 세우거나 벽을 설치한다

현관문 하나를 사이에 두고 그 안쪽에 발을 들여놓는 부분과 바깥쪽의 현관 포치의 부분은 성격이 완전히 다릅니다.

발을 들여놓는 부분은 접객의 장소이고, 현관 포치는 우산을 접거나 코트를 벗는 장소로써 1층 건물에서는 비를 피하도록 현관의 차양을 내는 것이 일반적입니다. 맨션이라면 통로가 지붕 대신으로 되어 있습니다.

풍수에서는 '나온 곳'(凸)은 에너지가 강하게 작용하고, '들어간 곳'(凹)은 약하여 마이너스라고 하는데 현관 포치의 경우에도 들어간 곳과 나온 곳의 판단이 필요합니다.

바깥에 기둥을 세워 크게 차양을 내는 경우에는 나온 곳이 됩니다. 다만 외벽으로 둘러싸여있지 않기 때문에 나온 곳이 갖는 파워의 작용은 없습니다.

반대로 외곽라인보다 현관을 들어가게 하여 비를 피할 수 있는 공간을 확보하고 있는 경우에는 들어간 곳이 됩니다. 또 들어가 있는 현관의 2층 부분이 똑같이 들어가 있지 않고 튀어 나왔으면, 이중의 나쁜 작용이 나타나게 됩니다.

이처럼 현관의 들어간 곳은 무섭기 때문에 모서리에 기둥을 세우거나 울타리 벽을 설치함으로써 들어간 곳의 나쁜 풍수를 감소시키십시오. 맨션의 경우 현관문 부분을 조금 오목하게 들어가게 하여 문짝을 열기 쉽게 했지만 이것도 들어간 곳이 되고 맙니다.

5 집을 보는 기준인 방위를 구하는 법
정중앙선과 사우선은 에너지가 가장 충만한 곳이다

풍수에서 방위를 구하는 기준은 '북'(北)입니다. 여기서 '북'이란 방위자석에서 가리키는 자북(磁北)을 말합니다. 한편 도면이나 지도

1층 부분이 들어간 곳과 2층 부분이 나온 이중의 나쁜 풍수를 감소시키는 예

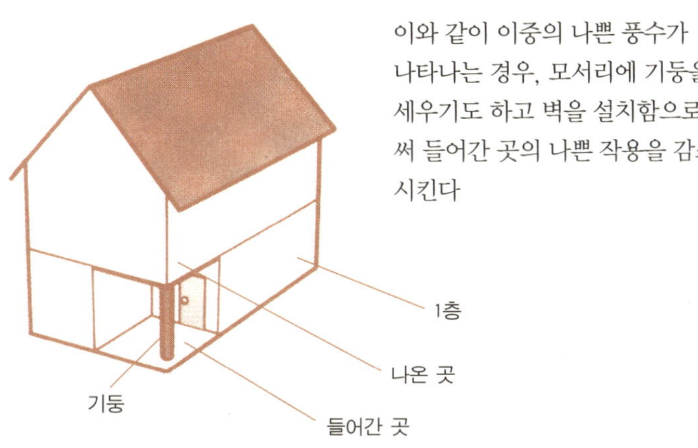

이와 같이 이중의 나쁜 풍수가 나타나는 경우, 모서리에 기둥을 세우기도 하고 벽을 설치함으로써 들어간 곳의 나쁜 작용을 감소시킨다

나온 현관 포치의 예

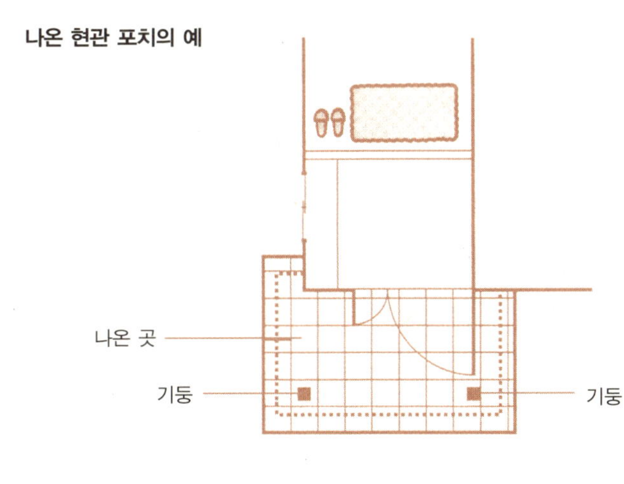

에 그려져 있는 북은 진북(眞北)이라 하여 나침반에서 가리키는 북과는 조금 차이가 있으므로 주의하십시오.

나침반으로 체크하는 것이 가장 빠르지만 벽이나 천장에 철관이 들어가 있거나 자기장을 발산하는 것이 있으면 자침이 북을 정확히 가리키지 못하는 일이 있습니다. 그리고 전자제품의 영향을 받는 일도 있습니다. 집 내외의 여러 곳을 체크하여 올바른 자북(磁北)을 구하십시오.

또 자석을 사용하지 않아도 진북(眞北)을 포인트로 나누어 구하는 방법도 있습니다. 자석으로 구해진 자북(磁北)은 지역에 따라 진북보다 조금 서쪽으로 기울어져 있는데, 기울어져 있는 이 각도를 '서편차 각'(西偏差角)이라고 합니다.

방위는 북·동북·동·동남·남·남서·서·북서의 8방위로 나눌 수 있습니다.

일반적으로는 방위의 각도는 360도를 8방위로 등분하여 각 방위 45도씩의 폭을 갖게 되지만, Dr. 고바의 풍수에서는 동·서·남·북이 30도, 동북·동남·남서·북서는 각 60도로 봅니다. 그리고 자북(磁北)의 북쪽과 남쪽의 중심을 통과하는 선과 이 선과 직각으로 만나는 동쪽과 서쪽의 중심을 통과하는 선을 '정중앙선'(正中線)이라고 합니다. 또 동북·동남·남서·북서의 중심선을 '사우선'(四隅線)이라고 합니다.

이들 정중앙선과 사우선은 그 방위의 에너지가 가장 충만한 곳이

 ## 진북에서 서쪽으로 기울어져 있는 자북

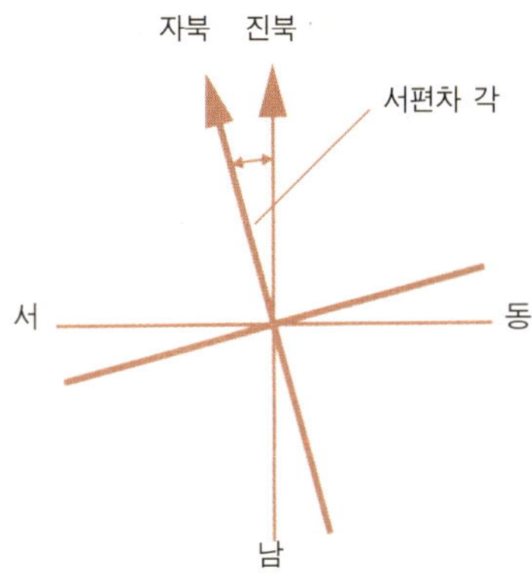

 ## 정중앙선(正中線)과 사우선(四隅線)

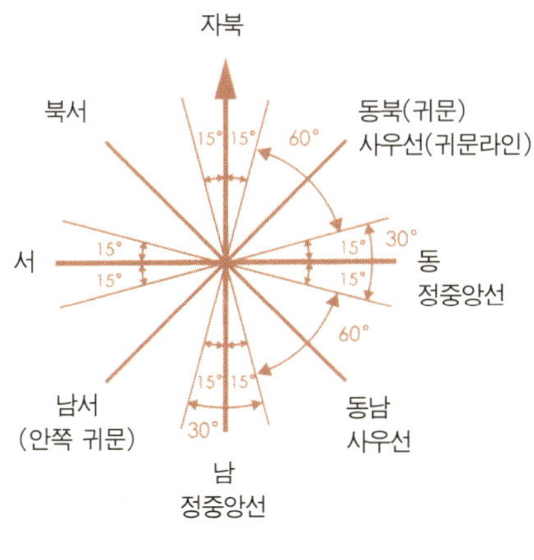

됩니다. 그리고 동북쪽과 남서쪽을 연결하는 선을 '귀문라인'(鬼門 Line)이라고도 합니다.

6 '럭키 존'은 행운이 들어오는 통로다
럭키 존의 폭은 현관이 있는 주변의 3분의 1 정도다

주거에는 용맥(龍脈)이라는 행운의 운기가 흐르고 있습니다. 이 용맥을 Dr. 고바는 '럭키 존'(Lucky Zone)이라고 부르는데, 주거공간에 흘러다니는 행운의 기를 흡수하려면 '럭키 존'을 활용하는 것이 중요합니다.

럭키 존은 어느 집에나 모두 있습니다. 1층 건물에도 맨션에도 아파트에도 있습니다.

럭키 존을 통과하는 이 행운의 파워는 현관에서 들어와 집 중심을 통과하여 그대로 현관 반대쪽 벽에 부딪힙니다. 벽에 부딪힌 기(氣)는 튀어나와 중심으로 되돌아가 최후에는 집 전체로 퍼집니다.

럭키 존의 폭은 현관이 있는 주변의 3분의 1 정도입니다. 현관문 폭의 한 가운데서 선을 긋고, 그 선을 중심으로 하여 현관 벽의 3분의 1을 폭으로 정하십시오. 다만 북쪽 현관의 경우는 행운의 기가 중심에서 머물고 마주보는 벽까지 도달하지 않지만, 폭이 2배가 되므로 행운의 양은 다른 방위의 현관과 같게 됩니다.

북쪽 현관의 경우

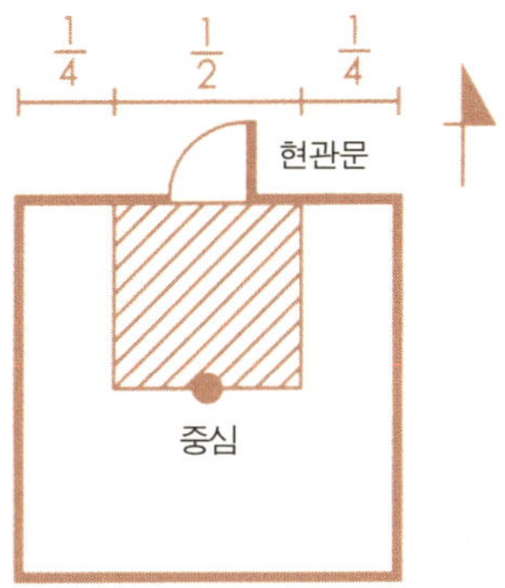

그 밖의 경우

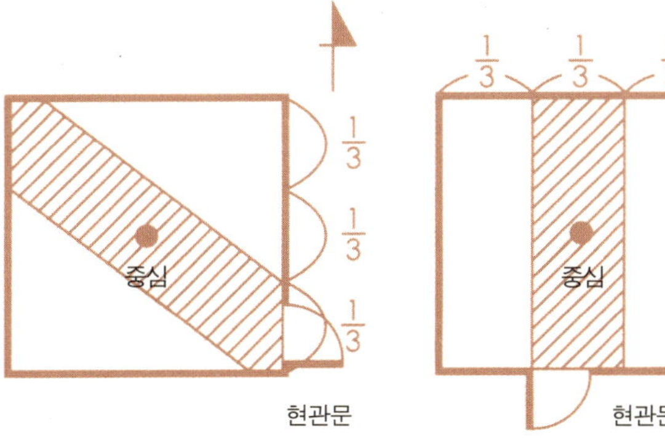

동서남북의 라인이 방의 경계가 될 때
행운의 아이템과 럭키컬러를 사용하여 재물운을 부른다

아래 그림과 같은 집의 경우에는 싱크대가 가운데 걸려 있으므로 부엌이 중심인 집입니다. 그래서 부엌의 중심과 풍수상 좋은 행운의 물건을 두거나 행운의 색상인 '럭키컬러'를 사용하면 좋습니다. 반침 (큰 방에 붙여 만들어 물건을 넣어두는 작은 방)은 중심·남·동남

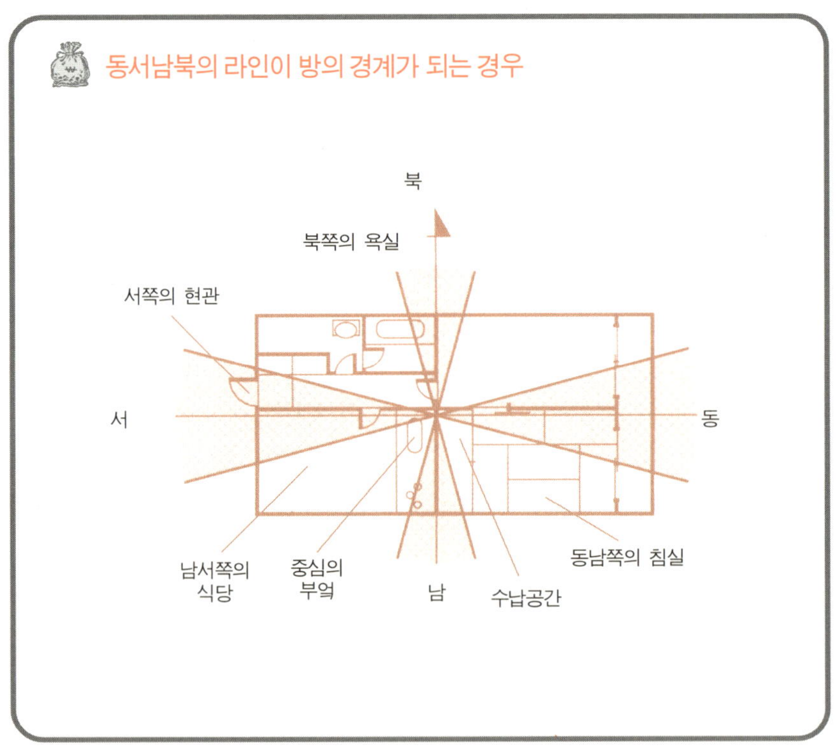

쪽에 포함되어 있으므로 당신이 바라는 운기(運氣)의 파워를 상승시킬 수 있는 방위(가령 재능이라면 남쪽 방위)에 럭키아이템이나 럭키컬러를 잘 사용하고, 복도나 거실벽에 중심과 풍수상 좋은 색상의 그림을 장식하는 것도 좋습니다.

중심이라는 공간은 가장 강력한 파워를 갖고 있습니다. 중심이라고 정의되는 것은 중심점에서 반경 90cm 이내로, 부엌이라면 싱크대나 가스렌지(싱크대 쪽이 가장 파워가 큽니다), 욕실이라면 욕조, 화장실이라면 변기가 있는 경우를 말합니다.

또 이 집의 욕실은 북쪽, 현관은 서쪽, 온돌방은 동남쪽, 식당은 남서쪽 방위가 됩니다. 집 중심에서 보아 그 대부분을 점유하고 있는 방위가 됩니다. 또 욕실이라면 욕조, 화장실이라면 변기가 있는 방위가 그 공간의 방위가 되는 것입니다. 각각 방위의 장를 참고하여 행운의 아이템이나 색상을 장식하여 행운과 재물운을 불러오는 풍수 인테리어를 활용하십시오.

하나의 방이 2개 이상의 방위에 걸칠 때
방의 대부분을 차지하는 방위를 선택한다

2개 이상의 방위에 걸쳐 있는 방의 경우는 그 방의 대부분을 차지하는 곳을 봅니다. 52쪽 그림의 경우는 동남쪽 방위에 넓게 위치하고 있습니다.

　그러므로 동남쪽 방위의 방으로 생각하고 동남쪽과 풍수상 좋은 행운의 물건을 놓아두십시오.

　단, 집 전체에서 본 그 방의 방위는 동남쪽이 되지만 방위가 여러 개 걸쳐있으므로 중심에서 보았을 때 동쪽의 방위라면 동쪽과 풍수 상 좋은 것을, 중심 부분이라면 중심과 풍수상 좋은 것을 두어도 상 관 없습니다.

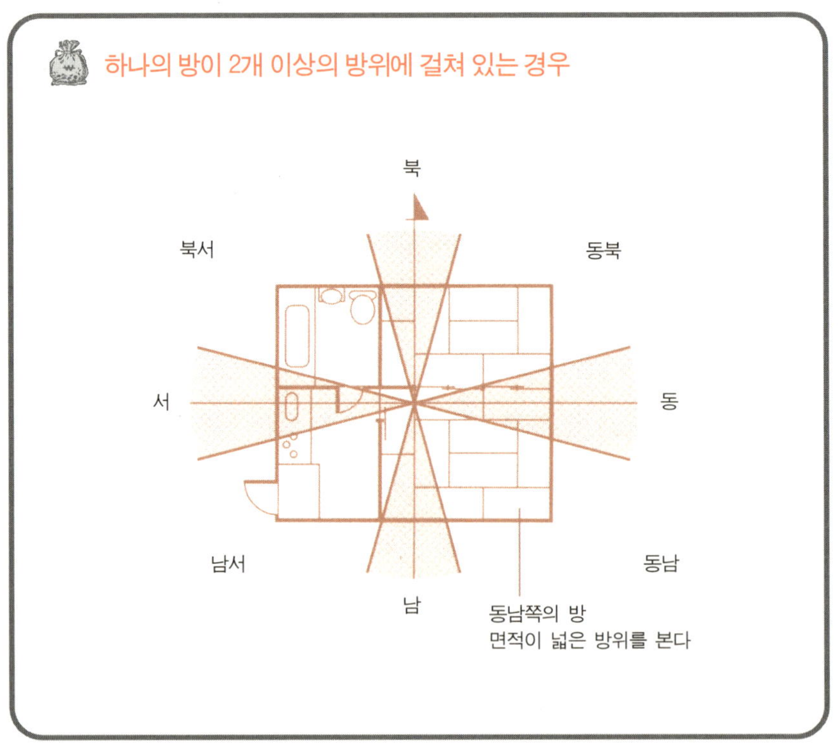

'집의 중심'과 '방의 중심' 중 어느 쪽이 우선할까
집의 중심에서 본 방위를 우선으로 한다

풍수 인테리어를 실시할 때는 집의 중심에서 본 방위를 우선으로 하는 것이 기본입니다. 방을 중심으로 해서 본 방위보다도 집 전체로 보는 쪽이 파워가 강하기 때문입니다. 그러므로 54쪽 그림과 같은 집의 경우 침실의 동북쪽에 있는 동북쪽 방위와 풍수상 좋은 것을 두는 것이 좋습니다.

단, 가족 중에서 자기 혼자만 풍수에 열심인 사람이 있겠죠. 그 경우에는 자기 방을 중심으로 해서 구한 방위도 됩니다. 그리고 '북쪽에 재산과 관계가 있는 물건을 두면 돈을 모은다'라는 풍수 인테리어를 실행하고 싶어도 북쪽에 욕실이나 화장실이 있어 실행할 수 없는 경우에도 각자의 방에서 북쪽 방위를 선택하여 풍수 인테리어를 실행해도 좋습니다. 침실이 더욱 파워가 있습니다.

혼동하기 쉬운 상황일 때 방위를 구하는 법
2층 건물은 1층과 별도로 2층의 중심과 방위를 구한다

하나의 방에서 커다란 테이블 등으로 식당과 거실을 겸할 경우나 차 마시는 공간으로써 거실과 식당을 겸할 경우 식당으로 생각할 것인지 거실로 생각할 것인지 혼란스러울 때가 있는데 이것은 어느 쪽이라도 상관없습니다.

또 2층 건물의 경우, 2층 부분의 방위를 구하는 방법은 1층과는 별도로 2층은 2층에서 중심을 구합니다. 그리고 1층과 마찬가지로 중심에서 8방위를 구합니다.

2층의 '럭키 존'(Lucky Zone)은 계단 입구에서 2층 중심을 지나 대각선상의 벽에 이르는 선이 됩니다. 기(氣)의 입구가 현관에서 계

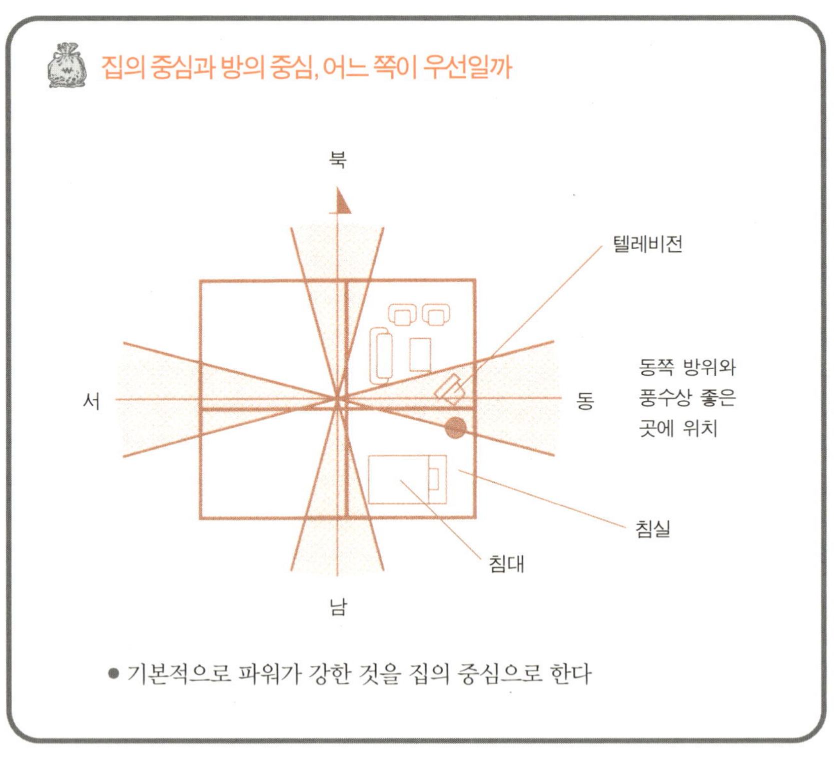

단으로 변한 것뿐입니다.

다세대 주택의 경우 한 동이 1~2층으로 나눠져 있지 않다면 우선 전체의 중심을 내어 방위를 생각하고, 그 후 각각 세대의 중심에서 방위를 구합니다. 그리고 전체로부터 구한 방위와 각각 구한 방위의 2개의 방위를 고려해 풍수를 적용하십시오.

11 원룸에 풍수 인테리어하는 법
원룸도 집의 중심에서 현관, 부엌, 화장실 등의 방위를 구할 수 있다

최근에는 원룸 맨션에 사는 사람들이 늘고 있습니다. 그런데 원룸 맨션에서는 침실이나 거실, 식당 등 많은 역할을 하나의 방이 갖고 있어 거실과 구별되어 있지 않습니다. 그래서 이러한 경우에 방의 방위를 어떻게 구하여 풍수를 응용하면 좋을지 설명하겠습니다.

집의 중심을 구하여 풍수 인테리어를 하는 것은 원룸의 경우도 마찬가지입니다. 거실이 따로 구별되어 있지 않는 원룸이라도 현관이나 부엌 · 화장실 · 욕실 등의 방위를 집의 중심에서 구할 수 있는 것입니다.

원룸에서는 57쪽 그림과 같이 북 · 동 · 남쪽 등 넓은 방위에 걸쳐 있는 경우가 있겠지만, 다음과 같이 생각하면 방위도 간단히 구할 수 있습니다.

우선 현관인데, 현관문이 있는 위치를 봅니다. 집의 중심에서 본 현관문의 방위가 되므로 이 도면이라면 서쪽 방위입니다.

욕실은 욕조가 있는 위치, 화장실은 변기가 있는 위치가 각각의 방위가 됩니다. 그림에서는 욕실, 변기가 모두 북서쪽에 있으므로 북서쪽 방위의 화장실과 북서쪽 방위의 욕실입니다. 욕실과 화장실이 함께 되어 있는 경우도 변기와 욕조의 위치가 각각의 방위가 됩니다.

침실이라면 침대입니다. 그림에서는 동북쪽 방위에 침대를 배치했지요. 그러므로 침대의 근처에는 동북쪽에 침실이 있는 114쪽을 참고로 풍수상 좋은 럭키 존을 두면 좋습니다.

거실은 소파가 있는 곳, 식당은 식탁이 있는 곳으로 봅니다. 그림에서는 식탁이 동남쪽 방위에 있으므로 동남쪽 방위의 식당에 대해 설명하고 있는 143쪽을 보십시오. 반침이나 수납이 있다면 역시 집의 중심에서 본 방위가 수납의 방위입니다. 그림에서는 북서쪽 방위입니다.

그런데 원룸이라도 한정된 공간을 유용하게 활용하기 위해 다락이 있는 경우도 있습니다. 그러나 다락은 기본적으로 수납을 위한 공간입니다. 여기를 침실로 사용할 경우 혼기가 늦어지는 사람이 많습니다. 더구나 살고 있는 방이 지저분하고 더럽다면 금전운과 연애운도 없겠지요. 그러므로 어느 방위에 있다하더라도 그다지 권장할 수 없습니다.

하지만 만약에 침실로 사용한다면 다락방 부분은 독립된 부분으로 생각하여, 다락의 중심을 구하고 그 중심에서 방위를 나눠 구합니다.
그리고 역시 여기에서도 침대가 있는 방위가 침실의 방위이므로 여
기에 그 방위와 풍수상 좋은 것을 놓으십시오.

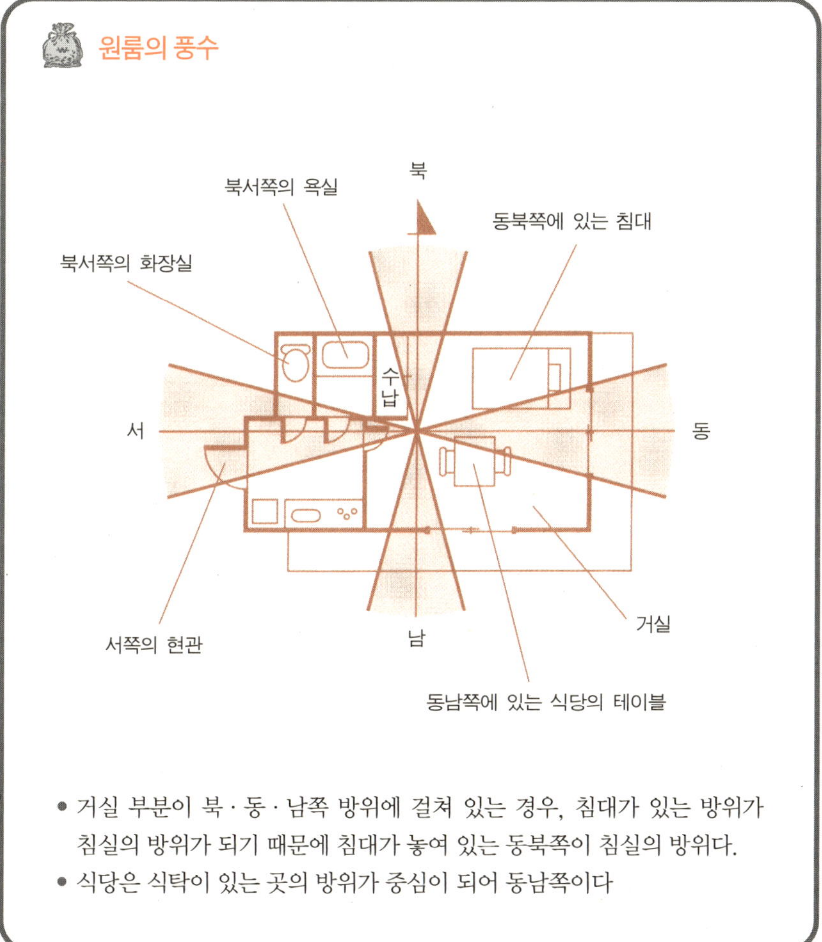

- 거실 부분이 북·동·남쪽 방위에 걸쳐 있는 경우, 침대가 있는 방위가
  침실의 방위가 되기 때문에 침대가 놓여 있는 동북쪽이 침실의 방위다.
- 식당은 식탁이 있는 곳의 방위가 중심이 되어 동남쪽이다

12 집안의 수납공간에 음택의 파워를 끌어들인다
양기는 주거이고, 음택은 매장지를 말한다

여러분은 집을 선택할 때 넉넉한 수납공간이 있는 집을 이상적인 집으로 생각하고 있을 겁니다. 각 방에 반침이 있거나 수납공간의 배려가 잘 된 집은 정돈도 편하고 보기에도 깨끗하니까요.

수납은 그저 간단히 방안에 넣어둘 수 없는 것을 넣어두는 장소라고 생각하고 있습니다. 확실히 그런 면이 있지만 단순히 필요 없는 것이나 사용하지 않는 것을 넣어두는 것만이라면 풍수적으로는 좀 부족합니다. 선반을 만들거나 하여 물건을 넣으면 그것으로 끝이라고 생각할지 모르지만, 깨끗하게 하는 것이 중요합니다. 또한 방위에 맞는 수납을 해야 풍수적으로도 만족을 얻을 수 있는 것입니다.

반침이나 골방(옷이나 가구 등을 두는 방), 옷장 등의 수납공간이 집의 '럭키 존'상에 있을 때는 특히 그 수납에 의해 그 집의 파워가 좌우되고 맙니다. '럭키 존'상의 수납이 깨끗이 정리되어 있고, 거기에 '럭키컬러'의 아이템이 있으면 그 수납이 가정에 가져오는 행운은 매우 크게 됩니다.

반대로 '럭키 존'상의 수납이 잘못되어 있으면 아무리 물건이 깨끗하더라도 행운은 그 수납공간을 보면 달아나 버립니다. 그만큼 수납의 공간은 중요한 장소입니다.

그러면 왜 이처럼 풍수는 수납에 구애받는 것일까요. 여기에서 좀

더 상세하게 설명하겠습니다.

풍수이론에 의하면 살아있을 때는 살고 있는 집에 영향을 받는다는 양기론(陽基論)과 행복한 인생을 보낸 후 그 유해를 좋은 풍수의 땅에 매장하여 유골에서 자손의 행복을 계속 염원한다는 음택론(陰宅論)이 있습니다.

한마디로 말하면 양기는 '주거'(住居)이고, 음택은 '매장지'(埋葬地)입니다. 이중 어느 경우라도 용맥(龍脈)이라 불리는 '럭키 존'에 있는 것이 이상적입니다.

그러나 '양기와 음택 모두가 좋은 풍수라면, 자자손손에 이를 때까지 행운이 계속한다'는 풍수이론은 지금 세계 대부분의 곳에서 통용되고 있지 않습니다. 이것은 음택론의 기초가 되는 것이 토장(土葬)이기 때문입니다. 풍수에서 가상(家相)을 좋게 하는 양기(陽基)를 갖추었다 하더라도 음택을 이용할 수 없는 것입니다. 유감이지만 만점이라도 50점과 같으니까요.

그래서 착안한 것이 주거에 있어서의 '수납(收納)이란 물건이나 추억을 매장한다'는 것이 나의 생각입니다. 유체(遺體)를 매장하나 그 물건이나 추억을 매장하는 것은 결국 같은 매장이므로 물건이나 추억에 음택론(陰宅論)을 사용할 수 있는 것입니다. 그러한 생각을 하나하나 검증한 결과 음택의 파워를 수납에 응용하는 것으로 좋은 풍수의 파워를 확실히 상승시킬 수 있었던 것입니다.

여기에서는 간단히 방위별 수납에 대해 설명하겠습니다. '럭키 존'상에 있는 수납은 특히 이 법칙에 따르십시오. 그렇지 않을 경우라도 너저분하게 물건을 넣지 말고 우선 깨끗하게 잘 정리한 다음 방위와 풍수상 좋은 색상이나 아이템을 수납하여 보다 좋은 금전운의 파워를 상승시키십시오.

방 단위에서 생각하여 반침이 있는 방위에는 일반적으로 창이 없습니다. 창이 없다는 것은 빛이 들어오지 않아 그 방위의 운기가 떨어지고 있다는 것과 연관됩니다.

그렇다고 해서 지금 생활하고 있는 집의 반침 위치를 움직일 수는 없습니다. 그래서 풍수적으로 이 방위와 풍수상 좋은 럭키아이템을 수납하여 음양의 균형을 맞춥니다. 풍수상 나쁜 것을 수납하지 않으면 창에서 빛이 들어오는 것과 같은 파워를 얻을 수 있습니다.

소금 담는 방법

소금은 부정을 씻어 주고 병을 낫게 하며, 재액을 막아주는 신체(神體)로 여겨져 왔다. 특히 아이를 낳지 못하는 부인은 깨끗한 소금이나 성주단지 안의 소금을 먹으면서 치성을 드리면 효험이 크다고 믿었다. 소금은 왕성한 생명력을 상징하는데, 소금 장수의 정력이 강하다는 속신도 여기에서 비롯된 것이다. 또 임산부에게 산기(産氣)가 있으면 산실(産室) 윗목에 소금과 깨끗한 물 한 사발을 놓아 삼신상을 차렸다. 이것은 소금이 모든 더러운 것을 정화하며, 생산을 돕는다고 믿었기 때문이다. 아이를 낳은 뒤에도 소금과 물을 산실과 집 주위에 뿌려 잡귀를 막았다.

'**소금담기**'는 물을 사용하는 장소나 들어간 곳(凹) 등 파워가 약한 곳에 직경 5cm 정도의 그릇에 약간 넘칠듯하게 담는 것이 기준이다. 무게로 말하면 약 10g 정도가 적당한데 정제된 소금이 아닌 천일염을 사용한다.

그릇은 보라색의 것을 사용해야 담은 소금의 파워가 높아진다. 보라색 그릇이 없는 경우 흰 그릇에 담아 두거나 럭키컬러의 도료로 테두리를 만드는 방법도 있다. 그리고 평평한 그릇이 아닌 잔과 같은 그릇이 좋다.

소금담기의 효능은 약 1주에서 2주가 간다. 하지만 파워가 약한 장소나 귀문 쪽의 소금은 그만큼 효능 기간이 짧아 3일 정도 유효하다. 따라서 이 경우에는 3일마다 새로운 것으로 교환해야 한다.

사용한 소금은 화장실이라면 변기에 흘려버리지만 부엌이라면 생선찌꺼기의 냄새 제거에 사용하면 되고, 세면대라면 양치에 사용하여 재활용하면 된다.

또한 소금은 차분히 공부할 수 없거나, 보다 좋은 기획을 원하는 경우에 책상 위에 놓아두면 큰 효과를 보게 된다. 그리고 자동차의 탈취박스에 넣어두면 사고를 막는 등 금전운과 행운을 높이는 소금담기의 효과는 매우 다양하다.

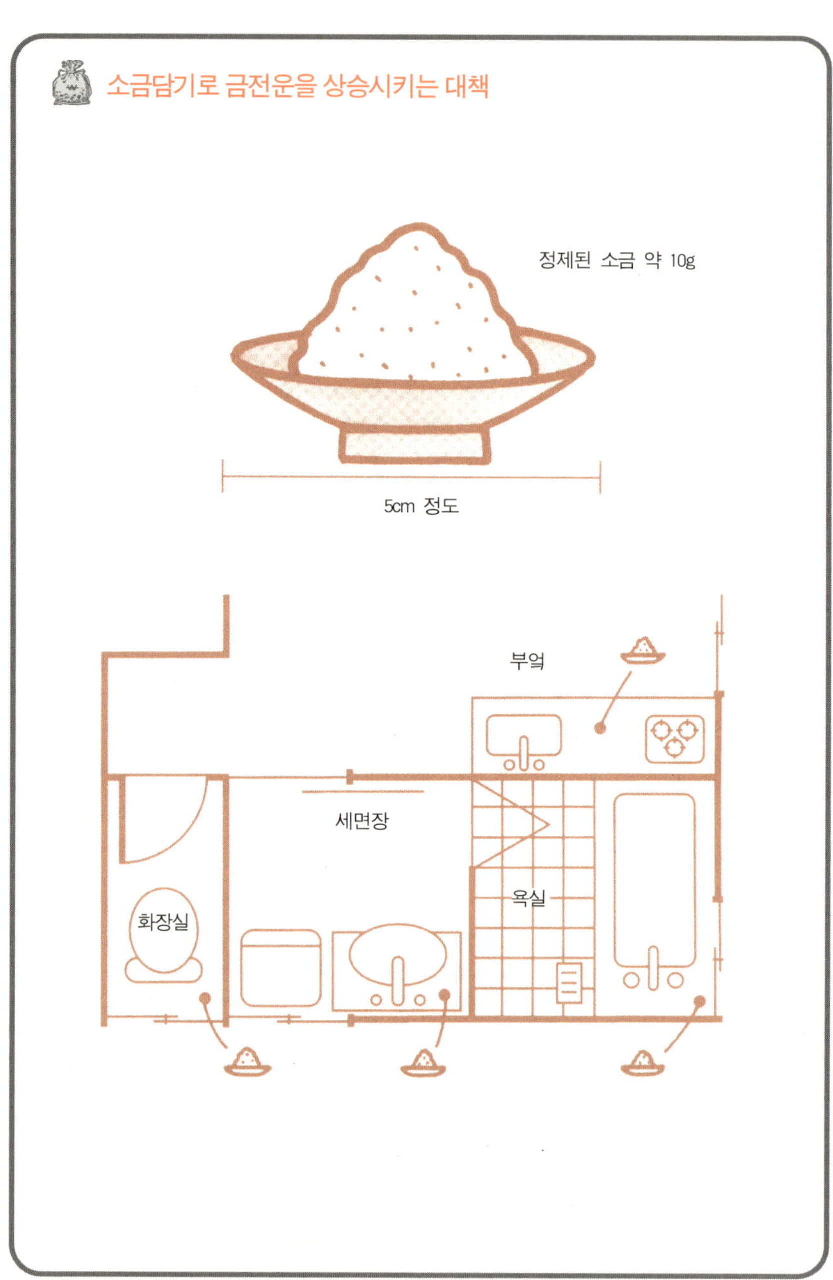

정제된 소금 약 10g
5cm 정도
부엌
세면장
욕실
화장실

Part 2

우리집에 꼭 맞는 인테리어하기

3장 집의 중심에서 돈을 불러들인다

풍수로 부자되는 인테리어를 꾸미는 첫 번째 조건은 집의 중심에 '금고'가 있는지의 여부다. 집의 중심을 주목하여 금전운을 높이는 인테리어를 만들어보자.

금고의 문이 활짝 열리는 중앙의 현관

황금색이나 보라색의 리본을 묶은 나무화분을 놓는다

좋지 않은 풍수 인테리어　지금까지 내가 본 집들 중에서 중앙에 현관이 있는 집은 단 한 채 뿐이었습니다. 이 집의 경우 집의 중심이 겨우 현관입구의 발을 들여놓는 곳에 있었습니다.

즉 금고의 문이 활짝 열려 금전운에 좋은 영향을 미칠 수 없는 경우입니다. 결과부터 말하면, 선대(先代)가 사업을 크게 하여 지금 대에 이르러서는 사업도 재산도 한 순간에 날아가 버려 고민하고 있는 상태였습니다.

     현관에 놋쇠를 두거나 현관문을 황금색으로 거울처럼 반짝반짝하게 하고, 현관에 나무화분과 스탠드를 둡니다. 나무화분에는 황금색과 보라색의 리본이나 장식물을 달고 스탠드도 놋쇠로 된 것으로 하며, 남편의 갈색 구두는 매일 내놓도록 합니다. 물론 현관 입구(신발을 벗어 놓는 곳)는 매일 물청소를 하는 것이 당연합니다.

2. 집의 중심에 기가 모이지 않는 중앙의 계단

갈색 계통의 판자를 사용하고 전체적으로 밝게 한다

좋지 않은 풍수 인테리어   중간에 천장이나 마루를 두지 않는 2층 이상의 집인 경우, 집의 중심에 계단이 있으면 그 중심에 기(氣)가 집중하지 않아 2층 '럭키 존'도 작고, 금전운도 집안으로 들어오지 않습니다. 금전운에 관해 매우 큰 결함이 있는 집이 되어 버립니다.

풍수로 부자되는 인테리어 꾸미기   계단의 층계는 전체적으로 갈색 계통으로 하십시오. 벽은 하얗고 계단 옆의 집 중심 부근의 벽에 줄기가 큰 나무가 무성하게 우거진 태피스트리(tapestry, 색실로 풍경 등을 짜 넣은 두꺼운 직물)나 갈색·노랑·하양 등이 들어 있는 꽃의 그림을 장식하면 좋습니다. 칠석(七夕)이라면 칠석의 피리, 12월이라

 **중앙 계단 부분의 벽에 장식하는 큰 나무의 태피스트리**

 **중앙 부엌의 금전운을 높이는 방법**

- 서랍장은 노랑이나 황금색 · 보라색, 부엌의 가구는 나뭇결이 보이는 것,
  카운터는 밝고 화려한 돌무늬가 들어간 것이 좋다

면 크리스마스트리가 그려진 것도 가능합니다. 조명은 중앙에 동그랗고 큰 것을 걸어 전체적으로 밝게 하는 것이 좋습니다.

3 금전운에 큰 결함이 있는 중앙의 부엌
노랑이나 황금색, 보라색의 용품을 장식한다

좋지 않은 풍수 인테리어 중앙의 부엌이란 중심점에서 반경 90cm 이내에 싱크대나 렌지대가 있는 경우를 말합니다. 그렇지 않은 경우 싱크대나 가스렌지가 있는 위치가 부엌의 방위가 됩니다. 중앙에 부엌이 있으면 주위를 생각하지 않고 전체적으로 금전적인 면을 취할 수 없게 되기 쉽습니다. 부자가 되는 풍수 인테리어에서는 큰 결함이 있는 집으로 최근에 지어진 맨션 등에서 많이 볼 수 있습니다.

풍수로 부자되는 인테리어 꾸미기 노랑이나 황금색, 보라색의 부엌용품을 사용하거나 부엌 내에 줄기가 확실한 관엽식물을 놓으십시오. 조명을 밝게 하는 것도 중요합니다. 내부 장식은 어두운 색조가 좋고 부엌세트는 나무의 이미지를 느낄 수 있는 나뭇결이 보이는 것, 카운터는 조금 호화롭고 밝은 돌무늬가 좋겠지요. 소금담기는 반드시 실행하고, 부엌매트는 가끔 햇빛에 말려 푹신푹신하게 해주는 것이 좋습니다.

4 불안한 공간이 되기 쉬운 중앙의 식당

식당의 중심에서 방위별로 좋은 풍수 인테리어를 한다

좋지 않은 풍수 인테리어　중앙의 식당에 결함이 있으면 항상 불안하고 안정되지 않는 공간이 되어 버립니다. 집 전체에서 본 중앙의 식당은 그 자체에서 중심을 내고, 그 중심에서 방위를 구하여 좋은 풍수 인테리어를 합니다.

풍수로 부자되는 인테리어 꾸미기　묵직한 인상을 주는 테이블에 노랑, 초록, 갈색의 꽃이나 장식물 또는 과일을 쌓아서 장식하십시오. 북서쪽에는 지구의와 골프공, 남쪽에는 스탠드를 놓고, 동쪽에는 TV나 오디오를 놓습니다. 분홍 · 빨강 · 하양 · 파랑의 꽃이나 장식물을 TV 근처에 두면 더욱 좋습니다. 서쪽에는 노랑이나 하양의 그림이나 과일로 장식하고 그린의 관엽식물은 반드시 놓아두며, 햇빛이 들지 않으면 밝은 색상의 그림을 걸어둡니다.

5 온돌식이라면 어떤 내부 장식도 좋은 중앙의 거실

품격이 있는 인테리어를 할수록 금전운은 높아진다

좋은 풍수 인테리어　금전운을 높이려면 집 중심의 방에서 가족이 화목하고 단란하게 생활하는 것이 중요합니다. 공간이 넓고 동쪽이나 남쪽에 창이 있어 통풍과 채광이 좋으며, 소파가 집 중심에 놓여있으면 좋습니다.

그리고 온돌식이라면 탁자가 중심에 놓여져 있고, 북쪽에서 남쪽으로, 서쪽에서 동쪽으로 향한 마루가 붙어있으면 더할 나위 없이 좋습니다. 내부 장식은 어떤 것이라도 좋습니다. 특히 자기가 만든 것을 장식하면 더욱 좋습니다. 서양식이라면 마루의 바닥은 약간 차분한 어두운 색조로 하고, 카펫이라면 베이지색이나 붉은 포도주색 계열로, 벽과 천장은 채광의 정도에 맞춰 밝거나 어둡게 하고 베이지색 계열이나 초록·분홍 계열을 쓰면 좋습니다.

조명은 중앙에 큰 것과 동·남쪽에 스탠드나 블래킷(bracket, 벽이나 기둥 등의 수직면에 붙이는 조명기구)을 사용하고, 소파는 천이나 가죽제품을 허리가 푹 파묻힐 정도로 크게 사용하는 것이 좋습니다. 중앙 테이블은 무크재로 투박한 것을 쓰고, 수납가구나 책장은 유리문이 부착된 것으로 남쪽이나 동쪽을 향하게 하십시오.

풍수로 부자되는 인테리어 꾸미기　중앙의 거실은 품격 있는 인테리어로 할수록 금전운이 높아집니다. 혹시 내부 장식으로 인해 지금 파워가 높지 않다면 당신 집에서 '이것!'이라고 할 만한 것을 중앙 거실에서 사용하십시오. 재떨이·꽃병·스탠드 혹은 커피잔이라도 좋습니다. 그리고 되도록이면 방의 중앙에 앉도록 합니다.

그리고 서쪽에는 노랑과 하양, 북쪽에는 분홍, 남쪽에는 초록, 동쪽에는 빨강과 하양의 장식물이나 그 색이 들어있는 그림 등을 장식하십시오. 또한 통풍을 좋게 하는 일도 대단히 중요합니다. 중앙 부

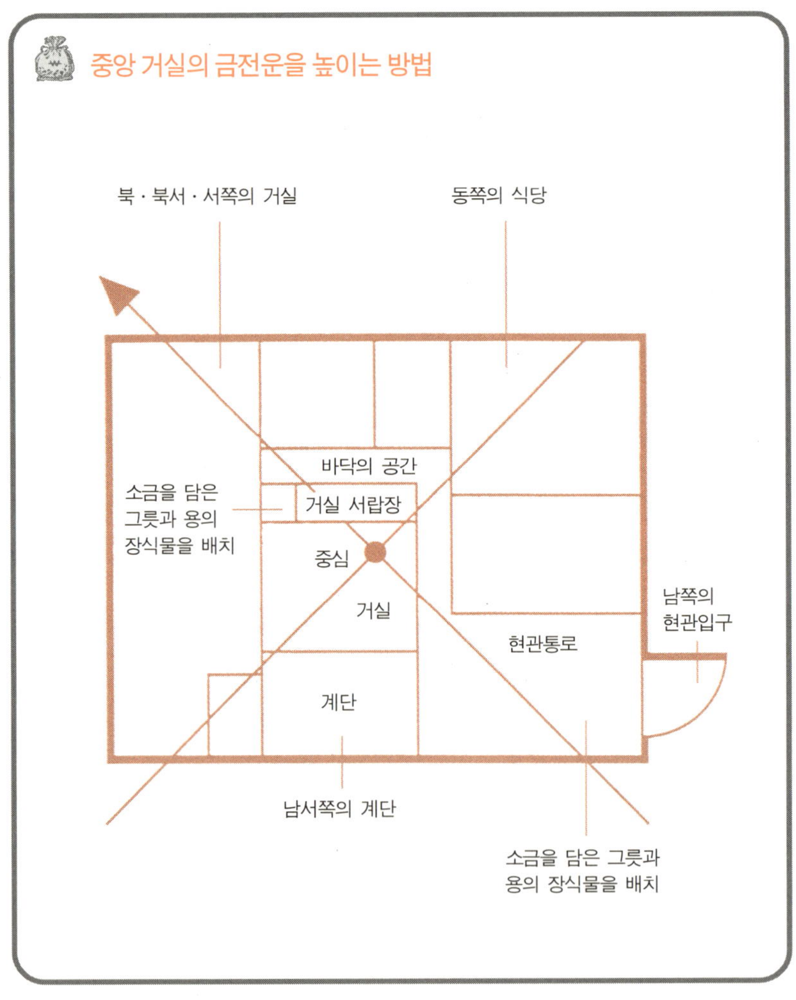

근에 보라색 쿠션을 놓으면 더욱 효과적입니다.

6 쓸데없는 지출이 겹치는 중앙의 욕실과 세면대
욕조의 물은 반드시 버리고 세면대에 소금담기를 한다

좋지 않은 풍수 인테리어　중앙의 욕실·세면대란 중심점에서 반경 90cm 이내에 욕조, 목욕 그릇, 세면대 등이 있는 경우를 말합니다. 중앙에 욕실이 있으면 가족이 정서적으로 불안하거나 가족 간의 갈등이 계속되며 쓸데없는 지출이 겹칩니다.

풍수로 부자되는 인테리어 꾸미기　사용한 욕조의 물은 반드시 버리고 담아두지 않습니다. 노랑이나 하양·황금색이나 보라색의 목욕 용품을 사용하거나 해바라기 등 큰 원의 꽃이 그려진 욕실용 그림을 중심 근처에 붙여 주십시오.

세면대는 소금담기를 하고 하양과 보라, 주황에 가까운 황금색의 장식물을 사용합니다. 세면기도 더러운 것을 언제까지나 놓아두지 말고 항상 깨끗이 청소하고, 세면기에 앞에서 말한 색의 커버를 합니다. 발을 닦는 매트도 항상 햇볕에 말려서 사용하십시오.

세면대의 주위에 물이 튀겼으면 부지런히 닦거나 환풍기를 돌려 되도록 습기를 제거하도록 하십시오.

대출로 고민하는 사람이 많은 중앙의 화장실

매일 청소하고 소금담기를 하고 조명도 밝게 한다

좋지 않은 풍수 인테리어   중앙의 화장실이란 중심점에서 반경 90cm 이내에 변기가 있는 경우를 말합니다. 중앙에 화장실이 있으면 가족이 짜증과 불안으로 인해 싸움이 많아지고, 사람들에게 속아 지출이 늘거나 대출로 인해 고민하는 등 금전운에 피해가 많습니다.

풍수로 부자되는 인테리어 꾸미기   개선책으로는 매일 청소를 하는 일이 중요합니다. 또 화장실용품을 햇볕에 말리고 부지런히 씻어 교환하고, 화장실 휴지나 수건 등을 방치해두지 말아야 합니다. 그리고 화장실용품이나 수건은 노랑·하양·보라색이 들어있는 것으로 하십시오. 관엽식물은 작더라도 하나 들여놓고 소금담기를 하거나 조명기구를 밝게 하여 기(氣)를 청결히 유지하는 것이 좋습니다.

온돌방이 풍수에 좋은 중앙의 침실

소박한 인테리어의 온돌방이 크게 좋다

좋은 풍수 인테리어   내부 장식은 온돌방이 크게 좋습니다. 되도록이면 나무 향기의 소박한 인테리어로 선반 등을 설치하고, 미닫이의 경우 맹장지(햇볕을 막기 위해 안팎에 두꺼운 종이를 겹으로 바른 고운 종이)는 중후한 느낌의 풍경이나 소나무 등이 그려져 있는 것이 좋습니다. 남쪽에는 온돌방과 이어진 툇마루가 정원과 연결되어 있는 것이 최고입니다.

서양식이라면 바닥은 짙은 갈색 계열이나 주황색에 가까운 황금색의 플로링(flooring, 바닥재)을 깔고, 보라색이나 분홍·초록 계열의 카펫을 깔면 됩니다. 벽은 황토로 하고, 벽지는 베이지색에 금사가 들어간 십자수무늬가 좋습니다. 그리고 천장은 무엇보다 나무무늬의 널빤지가 최고입니다. 조명은 중앙과 동쪽으로 설치하는 것이 좋습니다.

풍수로 부자되는 인테리어 꾸미기 　어디에서도 창문이 없어 햇빛이 전혀 들지 않는 방의 경우와 집 중심에 침대나 이불을 놓고 자는 경우가 있습니다. 우선 창문이 없는 방은 침실의 중심에서 동·서·남·북으로 확실히 풍수를 합니다.

우선 동쪽에는 TV나 VTR, 시계 등을 놓으십시오. 그리고 남쪽은 황금색 계열의 스탠드를 놓고, 서쪽에는 서랍이나 옷장에 노랑이나 하양으로 인테리어를 합니다. 북쪽은 수납공간을 두십시오. 방의 중앙에서 젊은 사람은 동쪽이나 남쪽에 머리를 두고, 나이가 많은 사람은 서쪽이나 남쪽으로 머리를 두고 잠을 자면 좋습니다.

그리고 집 중심에 침대나 이불을 깔고 자는 사람은 그 방에서 가장

많은 면적을 차지하는 공간의 방위에 맞추어 침실의 풍수 인테리어
를 실천하십시오.

9 재물운에 큰 영향을 주는 중앙의 아이 방
아이들 방을 항상 깨끗하게 한다

좋지 않은 풍수 인테리어　　방 등으로 둘러싸여져 햇빛이 들지 않
고 통풍도 좋지 않은 어두운 아이들 방이 집의 중심이라면, 당신 집
의 금전운과 재물운에 좋지 않은 영향을 크게 줍니다. 항상 깨끗이
해두십시오.

풍수로 부자되는 인테리어 꾸미기　　아이의 침대나 책상이 집의 중
심에 있는 경우 집의 영향을 아이가 받게 되므로 8방위의 금전운을
높이는 작전을 실행합니다. 그리고 다음의 풍수 인테리어로써 금전
운을 높이십시오.

　바닥은 플로링을 깔고 밝은 색으로 칠하며, 벽과 천장은 하양에 가
까운 초록이나 크림색으로, 책상은 남쪽으로 향하게 하고 스탠드는
책상 중앙에 두십시오. 또한 관엽식물을 책상 근처에 놓아두십시오.
침대는 머리를 동쪽으로 향하게 하고 베개커버나 페브릭(직물) 등은
되도록 햇볕에 말려서 사용하십시오. 보라색이나 황금색, 은색 계열

의 인테리어용품이 금전운을 높여줍니다.

침대가 집 중심에 있으면 노랑이나 하양, 자주색의 데스크소품과 놋쇠대의 스탠드를 사용하십시오. 책상 밑은 항상 깨끗이 하고 되도록 바닥은 매일 물걸레질을 하거나 청소기를 사용하십시오.

조명을 밝게 하면 좋은 중앙의 복도

어두운 복도는 조명으로 밝게 하고, 하양 · 보라 · 노랑을 사용한다

좋은 풍수 인테리어　　중앙에 복도가 있다는 것은 중심점에서 반경 90cm 이내에 특히 거실이나 계단 · 화장실 · 변기나 욕조 · 세면대 등이 없는 경우입니다. 중앙의 복도는 특별히 문제가 없습니다. 단지 햇빛이 들지 않아 어두운 경우가 많으므로 조명으로 밝게 하면 좋겠지요.

벽은 새하얀 것이 좋고 '집의 중앙에 그 집의 심볼(symbol)이 되는 것을 장식하면 집의 파워가 상승한다' 라는 풍수가 실행될 수 있도록 중앙 부근에 선반이나 작은 스페이스를 설치하여 물건을 두거나 꽃을 장식할 수 있는 공간을 만드는 것도 좋습니다.

풍수로 부자되는 인테리어 꾸미기　　중앙과 풍수상 좋은 색상은 하양 · 보라 · 노랑이므로 이 색상이 든 꽃이나 그림, 소품을 장식하거나 푸른 잎이 무성하게 우거진 큰 나무의 그림이나 태피스트리를 장식하면 중앙의 파워가 쑥쑥 상승하여 사업운이 올라가고, 금전운이나 재물운이 상승하는 등 집 전체의 품격이 올라갑니다.

더러우면 금전운이 나빠지는 중앙의 수납
금전운이 나쁘다면 깨끗하게 청소하는 것이 제일 중요하다

좋지 않은 풍수 인테리어 집의 중앙은 반드시 '럭키 존'에 포함되므로 여기가 더러우면 집주인이 실력이 있는데도 평가받지 못하거나 일을 다 해놓고도 인정을 받지 못하는 등 금전운이 나빠집니다. 그것은 금전운뿐만 아니라 집안의 모든 운에도 해당됩니다.

풍수로 부자되는 인테리어 꾸미기 중앙의 수납은 우선 깨끗하게 하십시오. 깨끗이 청소하는 것이 가장 중요합니다. 다시 사용하지 않을 필요 없는 것을 언제까지나 갖고 있으면 안 됩니다. 포기하고 처분하든지 누군가에게 주든지 하여 깨끗하게 하십시오.

내부 장식에 중앙과 풍수상 좋은 보라와 노랑·하양을 사용하거나 정리하기 쉽도록 선반을 붙이면 좋습니다. 가재도구를 두는 방에 조명을 설치한다면 밝게 하십시오.

보라와 노랑·하양의 상자에 넣거나 천으로 덮어 이 색상의 아이템을 함께 넣어두면 중앙의 파워가 떨어지지 않고 금전운도 흔쾌히 집안으로 들어옵니다. 반침 등은 닫아두면 습기가 차므로 습기 방지 용품을 넣어두거나 부지런히 문을 열어 환기를 확실히 해두는 것이 좋습니다. 남편의 파워를 올리기 위해 남편의 물건을 수납해두는 방법도 있습니다.

12 금전운이 자라기 어려운 중앙의 정원
줄기가 확실한 나무나 보라·노랑·빨강의 꽃을 심는다

좋지 않은 풍수 인테리어　집의 중심이 중앙 정원으로 되어 있다면 금전운이 자라는 것은 무척 어렵습니다. 금전운뿐만 아니라 전체의 운을 상승시키는 것이 어렵게 되고 맙니다.

풍수로 부자되는 인테리어 꾸미기　중앙의 정원은 빗물을 잘 흐르게 하여 축축한 습기가 없도록 배수에 충분히 주의하십시오.

그리고 나무나 꽃 등을 심는데 나무는 되도록 큰 줄기가 확실한 것이 좋고, 꽃이라면 보라색이나 노랑, 빨강의 꽃이 좋습니다. 또한 키가 큰 폴 조명을 설치하는 것이 좋고, 여유 공간이 있으면 편안히 지낼 수 있는 테이블이나 의자를 준비하여 점심 등을 먹는 것도 권장할 만한 방법입니다.

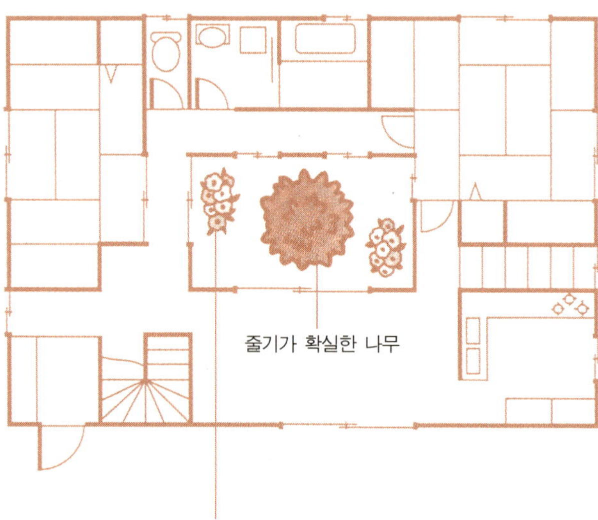

- 배수에 충분한 주의를 기울여 습기가 없게 한다
- 키가 큰 조명을 설치하는 것도 좋은 방법이다

4장 집의 북쪽에서 돈을 불러들인다

북쪽 방위는 '머물다'라는 파워가 있어 부자가 되는 풍수 인테리어에서 빠트릴 수 없는 방위다. 돈은 어둡고 시원한 장소, 결국 북쪽 방위가 좋은 것이다.

문이 정중앙선상에 있으면 나쁜 북쪽의 현관

현관매트를 하양이나 분홍이 들어간 밝은 꽃무늬로 한다

좋은 풍수 인테리어　북쪽 방위의 현관은 겨울에는 문을 열고 닫음으로써 찬 바람이 들어와 춥습니다. 현대에는 일광을 고려하여 남쪽을 방으로 하기 때문에 북쪽에 현관이 배치되어 있는 집이 많습니다. 맨션도 북쪽에 통로가 있는 북쪽 현관이 일반적입니다.

북쪽 방위가 좋은 풍수인 현관은 북쪽의 도로나 맨션의 통로에서 정중앙선상에 현관문이 오지 않게 하고, 현관 포치를 조금 넓게(발을 들여놓는 곳과 최저로 같은 넓이)하고 있는 경우입니다.

출입구의 문을 정중앙선상에 내지 않는 것이 필수조건입니다. 그리고 발을 들여놓는 곳의 타일 등은 하양 계열이나 분홍, 붉은 포도주색 계열로 하는 것이 좋습니다. 바닥은 밝은 카펫이나 플로링으로 장식하고, 클로스도 하양이나 연분홍, 베이지색, 크림색 계열이 좋으며 짙은 무늬는 좋지 않습니다.

조명은 안과 밖을 모두 밝게 하십시오. 이러한 현관이라면 돈을 불러들이는 체질로 50점 정도입니다.

좋지 않은 풍수 인테리어　현관문이 정중앙선상에 있으면 금전적인 측면에서는 아주 나쁩니다. 교제가 서툴러 대인관계가 원만하지 못하거나, 정신적인 면에서의 트러블 때문에 자신도 모르는 사이에 쓸데없는 지출이 증가해버립니다. 혹시 이런 현상이 나타난다면 당신 집의 북쪽 방위에 있는 현관에 인테리어를 풍수적으로 처리할 필요가 있습니다.

풍수로 부자되는 인테리어 꾸미기　북쪽의 현관을 돈을 불러들이는 체질로 변화시키는 방법은 현관을 풍수적인 인테리어용품으로 처리하는 것입니다. 현관매트를 하양이나 분홍의 꽃무늬가 들어간 밝은 것으로 하십시오. 현관에 창이 있다면 분홍이나 붉은 포도주색이 들어간 화려한 커튼을 걸고, 매트에 맞춰 분홍이나 하양, 빨강이 들어간 슬리퍼를 준비해둡시다.

그림을 장식한다면 빨강이나 오렌지색 같은 따뜻한 색 계열의 꽃 그림이나 그다지 크지 않은 밝은 바다풍경이 있는 그림, 호수 그림과 배의 그림도 돈을 불러들이는 체질로 바꿔줍니다. 조명이 어두우면 전구를 바꾸거나 기구 자체를 새 것으로 바꾸십시오.

신발장도 조금 밝은 색조의 것이나 나뭇결로 마무리된 화려하고 탄탄한 것이 좋습니다. 신발장 위에는 반드시 분홍이나 붉은 포도주색의 꽃을 장식하십시오. 커다란 화병에 물이 많이 들어가는 것은 적합하지 않습니다.

소품은 되도록 목재를 쓰고 열쇠나 인감 등을 넣어둔다면 붉은 포도주색이나 갈색 계열의 상자를 사용합니다. 현관바닥은 하루 한 번 물로 청소를 하든가 닦아주십시오. 그리고 문패는 목재를 사용하고 현관 바깥에서 보아 우측에 달아 놓습니다.

2 돈을 불러들이기 힘든 북쪽의 계단

커다란 창에는 벽과 같은 계열의 색으로 커튼을 한다

좋은 풍수 인테리어 겨울에 현관문을 열었을 때 찬 바람이 계단을 통해 2층으로 들어가기 때문에 북쪽 방위의 계단이나 중간에 천장이나 마루를 두지 않는 2층집은 금전운에 많은 손실이 있습니다.

서쪽에서 황색에 끌려들어온 금전운과 현관에서 들어와 집의 중심에 집결한 금전운은 이들 양쪽의 기(氣)가 북쪽으로 향하였더라도 계단이라는 굴뚝 모양의 공간 때문에 금고로써 머물러 자리를 잡을 수 없는 것입니다.

중간에 천장이나 마루를 두지 않고 빈 공간을 만들면 분위기가 훨씬 좋아지겠지만, 돈을 불러들이고 싶다면 견고한 풍수 인테리어로 방어할 필요가 있습니다.

우선 돈을 불러들이기 쉽지 않은 북쪽의 계단은 창이 작은 것이 좋습니다.

계단의 판은 따뜻한 질감이 있는 카펫으로 색은 베이지색 계열로 하고, 나무라면 판재는 다소 세련되게 무크재나 집성재(集成材, 2.5~5cm의 목재판을 섬유 방향으로 집성·접착한 것)를 사용하여 고급스러운 느낌을 내십시오. 그러면 금전운이 기뻐합니다. 벽과 같은 분위기의 클로스를 천장으로 사용하여 일체감을 낸 마무리를 한다면 그런대로 돈을 불러들이는 체질의 계단이라고 할 수 있습니다.

장식할 그림은 물과 꽃을 테마로 하고, 조명은 그림에 스포트라이트를 비추거나 전체가 간접 조명으로 된다면 더욱 좋겠지요.

풍수로 부자되는 인테리어 꾸미기　　이제 '북쪽 계단의 인테리어가 전혀 다르다'라는 경우나 북쪽의 정중앙선상에 견고하게 큰 창이 있다면 북쪽이 갖고 있는 돈을 축적하는 파워는 큰 폭으로 감소합니다. 따라서 벽과 같은 색 계열의 디자인이 된 커튼을 달아주십시오.

82

그리고 계단의 판이 나무라면 매일 닦아 청소를 하십시오. 조명은 밝게 하고 벽에 꽃 그림이나 바다 그림을 장식하고, 계단 공간에 여유가 있다면 분홍이나 하양 그리고 노랑의 꽃꽂이를 해놓으십시오.

크게 돈이 모이지 않는 북쪽의 부엌
부엌용품에 분홍이나 빨강을 사용한다

좋지 않은 풍수 인테리어 　금전운은 아내에게 있다하여 아내의 금고가 한 가족의 금전운을 좌우합니다. 특히 부인의 성격이 금전운에 영향을 주는 일이 많습니다.

　물이 어디에서라고 할 것 없이 새어나가는 것처럼 돈도 모르는 사이에 새어나가는 경향이 있는 것입니다. 결국 북쪽의 부엌에서 정중앙선상에 가스렌지나 싱크대, 창이 있으면 금전운에 그다지 좋은 영향을 주지 못하기 때문에 돈이 크게 모아지지 않는 것입니다.

좋은 풍수 인테리어 　정중앙선상에 창과 부엌문이 없고 채광과 환기도 충분히 되어야 합니다. 그리고 바닥은 벽돌색이나 따뜻한 색계열의 비닐시트나 코르크타일로 장식하고 혹시 플로링이라면 밝은색을 사용합니다. 특히 개수대 앞의 타일은 하양이나 분홍 계열이 좋습니다. 벽이나 천장은 따뜻한 색으로 된 내화와 곰팡이를 방지할 수 있는 재료를 쓰고, 시스템부엌 등의 문짝은 분홍이나 붉은 포도주색 또는 밀크화이트 계열로 합니다. 냉장고 등의 전자제품이 하양이나 따뜻한 색 계열이라면 부자가 되는 체질로 50점 이상은 됩니다.

풍수로 부자되는 인테리어 꾸미기　이러한 인테리어가 되어 있지 않은 북쪽의 부엌은 부엌용품이나 매트 등을 분홍이나 빨강 같은 따뜻한 색 계열을 사용하여 화려한 부엌으로 꾸밉니다. 그러면 돈이 들어오게 됩니다.

유리나 식품류는 부엌 내에 두지 말고 햇볕이 좋은 식당이나 거실에 수납하십시오. 그리고 부엌의 조명은 과감히 밝게 합니다. 요리색이 비치는 타입의 형광등으로 하고 개수대 앞에는 항상 꽃이나 꽃 그림을 장식하고 조명도 필요합니다.

북쪽의 정중앙선상에 가로 90cm 세로 90cm, 높이 60cm 이상의 바닥 밑 수납이 있는 경우에는 자주 문을 열어 더러워진 공기가 정체되지 않도록 하고 붉은 포도주색 계열의 비닐로 싸서 수납을 하십시오.

4 돈이 좋아하는 인테리어가 필요한 북쪽의 식당
식사가 맛있어 보이게 하는 밝은 조명을 한다

좋은 풍수 인테리어　북쪽의 식당은 가족이 천천히 식사를 즐길

북쪽의 부엌에서 금전운을 높이는 방법

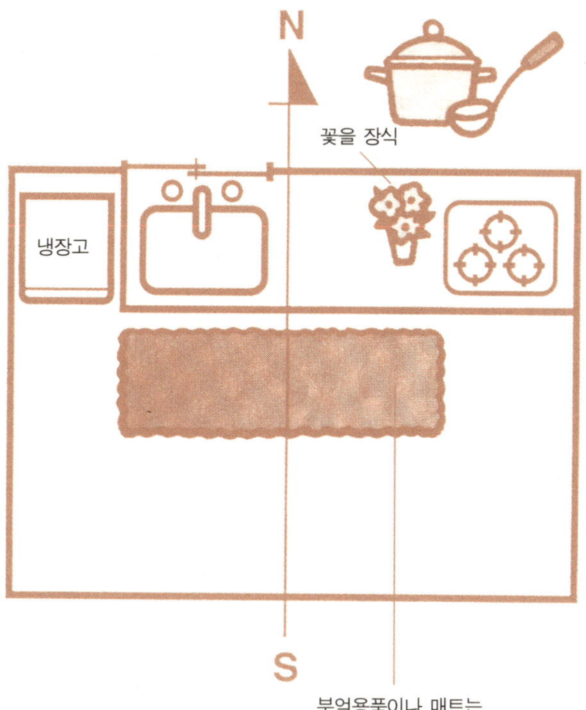

- 바닥은 따뜻한 색 계열의 비닐시트나 코르크타일
- 싱크대 앞의 타일은 하양이나 분홍색
- 벽이나 천장은 내화와 곰팡이를 방지할 수 있는 재료로 따뜻한 색
- 싱크대 문은 분홍색, 붉은 포도주색 계열, 밀크화이트 계열

때마다 금전운이 감소와 상승을 합니다.

따라서 바닥재는 코르크나 플로링 등 따뜻한 느낌을 주는 소재에 나뭇결이 보일 정도의 밝은 색조를 사용하여 돈이 좋아하는 인테리어를 해야 합니다. 테이블 밑의 식탁깔개는 털이 긴 베이지색 계열이 좋습니다.

마찬가지로 벽과 천장도 베이지색 계열이나 엷은 분홍, 하양 등을 사용하면 부자가 되는 풍수 인테리어가 됩니다. 테이블은 사각형의 투박한 것이 좋습니다.

만약 온돌식에서 차 마시는 공간을 겸한다면 전자렌지나 난방기, 토스터는 정중앙선상을 피하고 조명은 한 곳보다 벽과 천장 두 곳에 설치하는 것이 좋습니다.

풍수로 부자되는 인테리어 꾸미기　그런데 이와 같은 인테리어와 거리가 먼 사람은 가족의 단란함이 잘 이루어지지 않고 헛된 지출로 인해 금전적으로도 매우 시달리는 체질이 됩니다.

따라서 금전운을 높이려면 식사를 맛있게 보이도록 밝은 조명을 식탁 위에 달아놓으십시오. 그리고 분홍이나 빨강, 노랑의 런천매트나 테이블클로스 등을 사용하십시오.

넓은 공간이 바람직하지만 혹시 좁을 경우는 식기선반은 동쪽이나 동남쪽을 향하게 두고, 커튼이나 의자 등은 소박한 것을 분홍이나 붉은 포도주색 계열의 색으로 처리합니다.

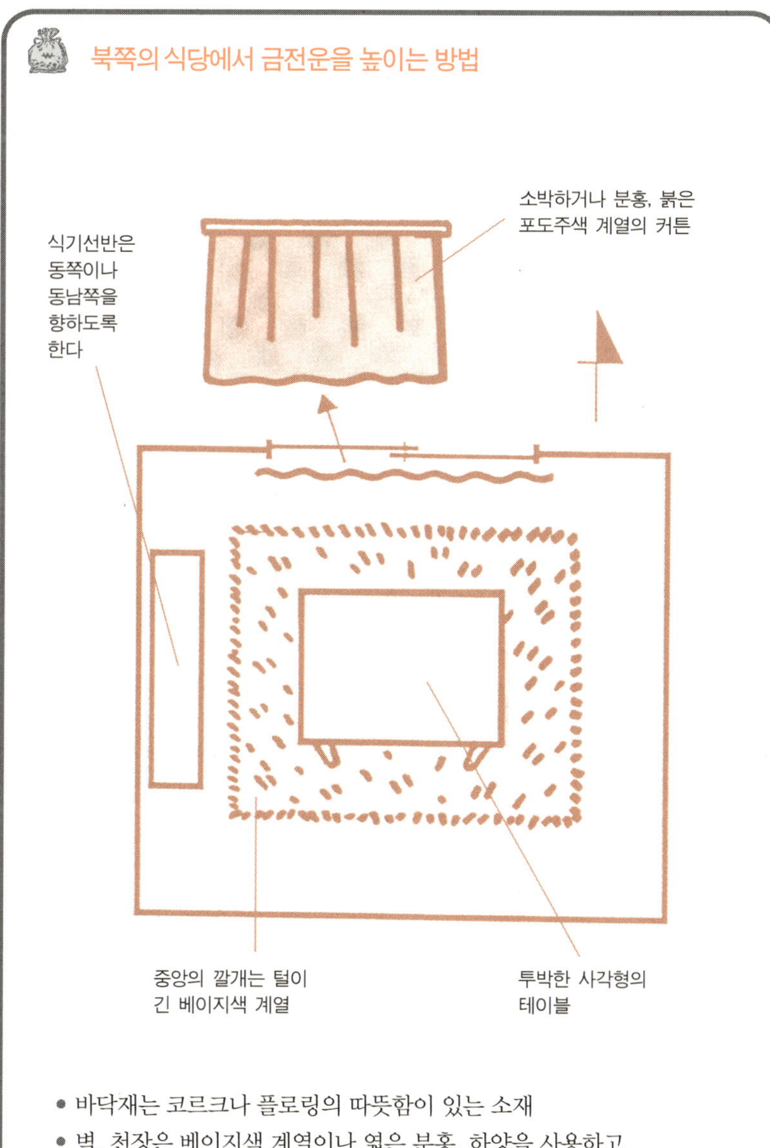

- 바닥재는 코르크나 플로링의 따뜻함이 있는 소재
- 벽, 천장은 베이지색 계열이나 엷은 분홍, 하양을 사용하고
  조명은 밝게 한다

정원을 바라보면 금전운이 좋아지는 북쪽의 거실

난방기가 북쪽의 정중앙선상이라면 소금담기를 한다

좋은 풍수 인테리어 　거실 공간이 북쪽에 있으면 북쪽의 거실로 생각합니다. 온돌식의 경우에는 툇마루가 있으면 좋고, 서양식이라면 바깥쪽으로 난 창의 중심이 북쪽 정중앙선상에 걸려있지 않고, 북쪽의 창 너머로 정원을 바라보면서 편한 시간을 가지면 금전운이 좋습니다. 정원이 조금이라도 있으면 더욱 좋습니다.

내부 장식으로는 플로링이라면 조금 고상하게 하고, 온돌이라면 감색이나 검정에 가까운 색, 카펫은 조금 밝은 베이지색 계열, 벽은 황갈색, 클로스라면 베이지색 계열이나 희미한 분홍 계열, 천장은 목재를 사용하는 것이 금전운에 좋습니다.

풍수로 부자되는 인테리어 꾸미기 　북쪽의 거실이 앞에서 설명한 것처럼 되어있지 않다면 우선 통풍을 생각하여 물건을 넣어두는 곳은 정리하여 깨끗이 하고, 난방기가 북쪽의 정중앙선상이라면 소금을 담은 그릇을 놓아두십시오.

온돌식이라면 보조 스탠드를 동쪽에 두고, 가구는 고상한 것을 사용하면 좋습니다. 좌탁이나 센터테이블은 크고 사각형의 것을, 방석 커버는 붉은 포도주색 계열로, 선반이나 밖으로 난 창에는 분홍이나 붉은 포도주색 계열의 꽃을 장식합니다.

서양식에서는 스탠드의 보조 조명을 사용하고, 소파나 쿠션은 분홍이나 노랑·빨강이 들어가 있는 것, 벽에는 산이나 꽃, 바다, 호수 그림 등을 장식하십시오. TV나 오디오는 동쪽이나 남쪽에 분재나 화분과 함께 놓으십시오.

6 남편이 밖에서 놀기 쉬운 북쪽의 욕실
환기를 좋게 하고 욕조의 뜨거운 물은 사용한 후 버린다

좋은 풍수 인테리어 정중앙선상에 욕실보일러·욕조·샤워 수도꼭지·창문이 없고, 자연석이라면 빨강이나 분홍 계열의 돌, 대리석이라면 하양이 부자가 되는 풍수 인테리어로 그런대로 좋습니다. 타일은 분홍 등의 따뜻한 색 계열이나 베이지색 계열, 하양으로 합니다. 디자인 타일도 따뜻한 색 계열을 사용하는 것이 좋습니다.

욕조는 물이 깨끗해 보이도록 흰색이나 크림색, 차분한 베이지색 계열을 사용하고, 수건걸이도 스테인리스 소재보다는 수지로 만든 것(도료나 코팅재 등에 사용)이 좋으며, 색은 황갈색이 좋습니다. 그리고 조명 기구는 둥근 것 보다 사각 모양의 디자인이 좋습니다.

좋지 않은 풍수 인테리어 특히 북쪽의 정중앙선상 근처에 욕실보일러가 있으면 화기(火氣)가 있어 좋지 않습니다. 또 욕조가 있으면 물을 많이 담게 되어 수기(水氣)가 있으므로 이것 역시 좋지 않습니다. 게다가 북쪽의 욕실은 불륜 등으로 남편이 밖으로 돌게 되며 살금살금 헛된 지출이 증가하게 됩니다.

풍수로 부자되는 인테리어 꾸미기　욕조가 정북쪽(眞北)에 있는 집들은 확실히 사랑과 돈의 혜택을 받기 어렵습니다. 그런 집의 경우 수건은 분홍이나 빨강, 노랑 등의 따뜻한 색 계열이나 꽃무늬가 있는 것을 햇볕에 뽀송뽀송하게 말려서 사용하는 것이 좋습니다. 또 샴푸와 비누는 조금 고가의 것을 사용하십시오. 다만 바디클렌저는 향이 강한 것은 피하는 것이 좋습니다.

욕조도 황갈색, 노랑, 분홍으로 합니다. 그리고 곰팡이는 금전운을 나쁘게 하는 원천이기 때문에 목욕 후에는 바로 창문을 열어 바람을 통하게 하고, 욕조의 더운 물을 버리고 청소해주십시오.

금전운이 싫어하기 쉬운 북쪽의 세면대

수건 등은 꽃무늬가 있거나 빨강, 노랑의 것을 햇볕에 말려 쓴다

좋은 풍수 인테리어　북쪽 세면대의 파워는 부자가 되는 풍수 인테리어에 있어서 반드시 좋다고는 할 수 없습니다.

바닥은 벽돌색이나 크림색의 비닐시트나 밝은 색의 내수성이 강한 플로링으로 장식합니다. 그리고 벽은 타일이나 비닐클로스 등으로 곰팡이 방지처리를 하고, 색조는 분홍 계열이나 오렌지색 계열로 하면 좋습니다. 천장도 같은 색으로 하고, 서쪽이나 북쪽에 큰 거울을 부착하는 것도 그런대로 괜찮습니다.

풍수로 부자되는 인테리어 꾸미기　우선 앞서 설명한 것처럼 인테리어가 되어있지 않은 북쪽의 세면대라면 금전운이 싫어합니다. 게다가 세면기·세면대·샴푸볼·큰물통 등이 정중앙선상에 있으면 소금을 담아 부정을 없애십시오. 수건 등은 꽃무늬가 있거나 빨강이나 노랑의 것을 햇볕에 말려 사용합니다.

　조명도 밝은 것으로 교환하고, 거울은 깨끗이 닦도록 합니다. 욕실에 창이 있다면 열어서 환기를 시키고, 혹시 정중앙선상에 창이 있다면 분홍이나 흰 레이스의 커튼이나 블라인드를 부착하십시오. 또한 망설이지 말고 분홍과 노랑의 생화를 넣은 꽃병을 놓도록 하십시오. 목욕매트는 수건과 같은 색으로 합니다.

건강을 해치고 헛된 지출을 부르는 북쪽의 화장실

조명은 밝게 하고, 분홍·오렌지색 계열의 용품을 쓴다

좋지 않은 풍수 인테리어　북쪽의 화장실에서 진북(眞北)의 정중앙선상에 변기가 있으면 건강뿐만 아니라 금전운적으로도 크게 나쁩니다.

이로 인해 신장이나 방광염을 앓기 쉽고 정신적인 스트레스로 짜증과 화를 많이 내며, 헛된 지출이 커지게 됩니다. 또 정중앙선상에서 5도의 범위 내에 변기나 화장실의 손 씻는 곳이 있는 것도 금전운에 나쁘게 작용합니다.

풍수로 부자되는 인테리어 꾸미기　　화장실의 나쁜 작용을 완화시키기 위해서는 바닥에 밝은 색조의 타일이나 비닐시트를 사용하고, 변기의 색은 분홍이나 붉은 포도주색 계열을 권합니다. 또한 하양, 아이보리색과 밝은 파랑도 나쁜 작용을 약하게 할 수 있습니다.

벽이나 천장도 곰팡이가 피지 않는 소재로 장식하고, 색은 따뜻한 색 계열이라면 금전운이 나빠지는 것도 그런대로 방지합니다.

그 외의 경우에 지금 금전운에 문제가 있다면 조명을 밝게 하고 변기커버나 수건은 분홍이나 오렌지색 계열로 합니다.

만약 창문이 없으면 라벤더 꽃이나 라벤더 향기, 분홍과 보라색 꽃 그림을 장식하고 큰 관엽식물과 10g 정도의 소금담기를 하여 정중앙선상에 놓아두십시오.

화장실내에 전기스토브 등 화기(火氣)가 직접 작용하는 기구의 설치는 피하십시오. 변기 앉는 자리에 난방이 되거나 열풍을 내뿜는 타입이 좋습니다.

부자의 파워가 있는 북쪽의 침실

동쪽이나 남쪽으로 머리를 두고 중앙에서 자면 좋다

좋은 풍수 인테리어　　햇볕이 들지 않는 침실은 겨울엔 추운 것이 결점이지만 빛이 전혀 들어오지 않으므로 안정되게 잘 수 있습니다. 좋은 풍수 인테리어라면 돈 관리에 강하고 부자의 파워가 있습니다.

돈을 불러들이는 좋은 내부 장식으로 출입문은 정중앙선을 피하여 가로 90cm, 세로 180cm 이하의 작은 것이 좋습니다. 그리고 바닥이 플로링이나 카펫이라면 붉은 포도주색 계열이나 벽돌색, 베이지색이나 초록 계열이 좋습니다. 플로링은 조금 진한 색조로 하고 온돌방도 좋습니다. 밝은 벽이나 천장으로 통일시키십시오. 또 커튼이나 침대 커버 등은 되도록이면 분홍이나 오렌지색, 빨강 등으로 포인트를 준 화려한 것이 좋겠지요.

좋지 않은 풍수 인테리어　　진북(眞北)에 난방기를 두거나 커다란 창이 있으면 금전적으로 손해가 크게 됩니다.

풍수로 부자되는 인테리어 꾸미기　　정중앙선상에 창(크기를 불문하고)이 있으면 커튼이나 벽을 같은 색으로 하든지, 노랑이 하나의 포인트로 들어가거나 붉은 포도주색 계열의 화려하고 두꺼운 커튼으로 장식합니다. 그리고 가구와 페브릭(직물, 천)을 검은 모노톤으로 통일시키는 것은 금전운에 적합하지 않습니다. 가능한 한 암갈색으로 장식하십시오.

조명은 천장에 하나만으로는 안 됩니다. TV나 오디오 등 소리를 내는 것은 방의 동쪽에 놓고 스탠드를 그 근처에 둡니다. 그리고 분홍이나 하양, 붉은 포도주색이나 노랑의 꽃을 장식합니다.

일반적으로 이불이나 침대는 중앙에 놓고 동쪽이나 남쪽에 머리를 두고 자는 것이 좋습니다. 하지만 금전운이 나빠 이젠 돈을 불러들여야겠다는 생각이 들면 머리를 북쪽에 두고 자는 것을 권합니다. 왜냐하면 북쪽으로 머리를 두고 자는 것이 돈을 모으는 잠자리이기 때문입니다.

흔히 북쪽에 머리를 두고 자면 좋지 않다고 하지만 잘못된 생각입니다. 의학적으로도 머리는 차게 하고 다리는 따뜻하게 하는 것이 좋은 것처럼 오히려 이치에 맞는 것입니다.

장식용 그림은 북쪽의 벽에 분홍이나 노랑 계열의 그림이나 밝은 바다나 호수 그림을 걸어 놓으면 됩니다.

10 차분히 공부하게 되는 북쪽의 아이 방

침대는 방의 동쪽이나 남쪽으로, 머리도 동쪽이나 남쪽으로 두고 잔다

좋은 풍수 인테리어   '혹시 아이가 차분하게 공부하지 않으면 공부방을 북쪽으로 하세요'라고 말할 정도로 북쪽이 공부방으로는 아주 좋습니다. 학원비 등으로 헛된 돈이 들지 않고 보람 없는 일도 없으며, 집의 금전운이 쑥쑥 자라는 중요한 공간입니다.

금전운이 좋아하는 것은 온돌방이지만 서양식이라면 바닥은 카펫보다도 밝은 나뭇결로 마무리된 플로링을 깔고, 벽과 천장은 하양이나 크림색, 분홍 계열로 흡음성(吸音性, 물체에 도달한 소리를 약하게 해서 반사하는 성질)이 있는 것을 선택하여 사용하는 것이 금전운의 하락을 막아줍니다.

이때 창은 정중앙선을 피해 작게 하고, 벽과 같은 색의 커튼을 한다면 금전운뿐만 아니라 공부에도 아주 좋습니다.

풍수로 부자되는 인테리어 꾸미기 　아이들의 침대는 방의 동쪽이나 남쪽으로 놓고, 머리도 동쪽이나 남쪽을 향하게 합니다. 그리고 본래 북쪽에 있는 방은 음기가 강하므로 음기의 균형을 맞추기 위해 페브릭은 조금 양기를 띠는 것으로 합니다.

방의 북쪽이나 서쪽은 공부공간으로 사용하고, 남쪽이나 동쪽은 놀이공간으로 사용하는 것이 이상적입니다. 공부책상이나 책장 · 옷장 · 침대 등은 나무로써 밝은 색을 선택합니다.

커튼이나 침대커버는 따뜻한 색 계열로 남자는 체크무늬, 여자는 꽃무늬로 하지만, 반대로 커튼과 침대커버 등 양쪽을 무늬가 있는 것으로 하면 금전운이 침체되어 자라지 않습니다.

 ## 북쪽 아이 방의 금전운을 높이는 방법

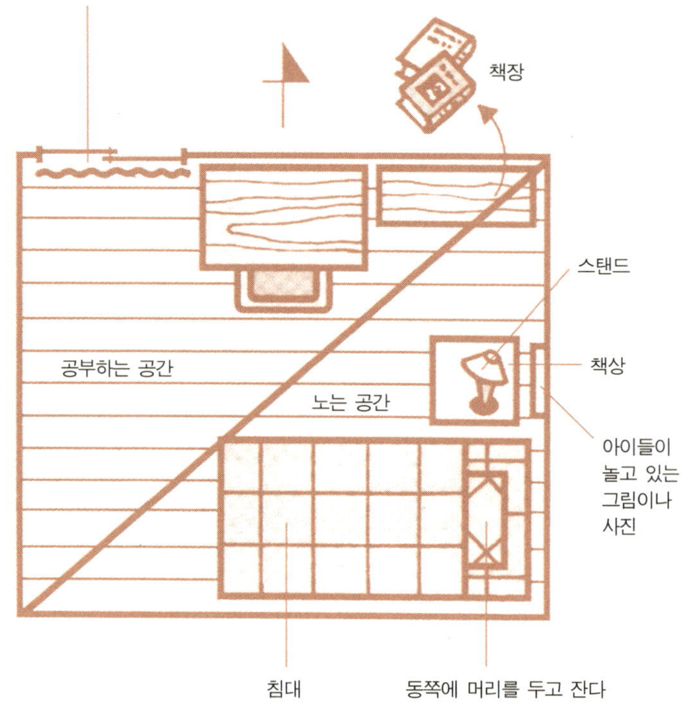

- 바닥은 밝은 색으로 나뭇결이 있는 플로링
- 벽과 천장은 하양 계열이나 크림색 계열, 분홍 계열로 흡음성이 있는 것

따뜻한 분위기가 금전운을 높여주는 북쪽의 복도

그림이나 꽃을 장식하고, 간접 조명을 하면 좋다

좋은 풍수 인테리어　북쪽은 매우 추운 방위이기 때문에 북쪽의 복도 역시 바람이 통하는 매우 추운 공간이 많습니다. 하지만 복도이므로 천장은 높지 않게 하고 큰 창을 만들지 않았다면 그렇게 나쁜 것은 아닙니다.

내부 장식은 따뜻한 느낌이 있는 조금 고급스런 분위기로 마무리하면 금전운 면에서 합격입니다. 예를 들면 바닥에는 따뜻한 느낌을 주는 색으로 카펫을 깔거나 무크재나 집성재(集成材)를 사용하여 고급스런 분위기를 내고, 벽과 천장을 같은 분위기로 마무리하여 일체감을 주면 내부 장식으로 합격점을 얻을 수 있습니다. 조명은 밝은 편이 좋습니다. 전체적으로 부드러운 빛이 느껴지는 간접 조명도 북쪽 복도에 알맞습니다.

풍수로 부자되는 인테리어 꾸미기　벽이 쓸쓸하면 꽃을 모티브로 한 그림을 장식하거나 꽃병에 꽃을 장식하면 좋습니다. 호수나 배가 테마인 그림이나 소품에도 파워가 있습니다. 추운데다 어두우므로 곳곳에 다운라이트를 설치하고 스포트라이트를 그림이나 소품에 비추십시오.

12 돈이 쑥쑥 자라는 북쪽의 수납

금고나 붉은 포도주색의 상자에 돈에 관한 것을 수납하면 좋다

좋은 풍수 인테리어　먼지나 더러운 것이 없도록 깨끗하게 정리하면 정신적으로도 안정된 '기'를 얻을 수 있습니다. 북쪽은 마음을 평정시키는 파워를 숨기고 있기 때문입니다. 애인에 관한 것이나 공부에 관한 것은 분홍이나 오렌지색의 것, 물이나 별 또는 겨울에 관한 것을 장식하여 놓는 것이 좋습니다. 예컨대 물이라는 이미지를 위해 물주전자를 놓거나 어항을 놓아두면 좋습니다.

좋지 않은 풍수 인테리어　그러나 여기가 더럽혀져 있으면 좋지 않습니다. 또 풍수적으로 겨울과 좋다고 해도 화기(火氣)는 절대 금물입니다. 북쪽은 불(火)과 풍수상 그다지 좋지 않은 방위이므로 스토브 같은 강력한 불의 파워를 갖는 것을 놓으면 정신적으로 안정을 얻을 수 없습니다.

풍수로 부자되는 인테리어 꾸미기　현금, 인감, 통장 등 돈에 관한 것은 어두운 곳을 매우 좋아한다. 어두운 곳을 방위로 나타내면 북쪽이 됩니다. 북쪽에 있는 수납에 이들 물건을 놓아두면 돈이 쑥쑥 자랍니다. 또 '북쪽에 금융관계를 수납한다'라는 것에 대해 다음과 같은 사고방식도 있습니다.

　돈을 어두운 북쪽 방위에 두면 조용하게 점점 친구를 불러옵니다. 그러므로 돈이 모이는 것입니다. 따라서 북쪽의 수납공간에 금고를 놓아 그 안에 넣어두는 것이 좋고, 붉은 포도주색의 상자나 보석함 속에 넣어두는 것도 좋습니다.

　남쪽에 현관이 있고 북쪽에 수납이 있는 경우 수납이 '럭키 존' 위에 있게 됩니다. 이 경우 북쪽과 풍수상 좋은 것에 더하여 남쪽과 풍수상 좋은 초록이나 오렌지색의 것, 광택이 있는 것을 남쪽 현관과 북쪽의 수납공간에 두십시오. 그러면 현관에서 들어온 럭키파워를 집안까지 불러들이게 됩니다.

막장 집의 동북쪽에서 돈을 불러들인다

금전운을 재물운으로 바꿔주는 중요한 방위다. 큰 재산가가 되지 못했다면 이 방위를 내 편으로 만들어야 한다.

금전운의 기복이 심한 동북쪽의 현관

밝고 청결하지 않은 현관은 사고나 상속 문제로 헛된 지출이 생긴다

좋은 풍수 인테리어 동북쪽의 현관은 위엄을 중요시하여 현관문이나 신발장이 호화롭고 중후한 감이 있으면 좋습니다. 금전운에는 흰 가구나 문이 좋고, 바닥은 하양이나 노랑 계통의 타일, 현관의 발 들여놓는 곳과 홀의 단과의 거리는 24cm 정도인 것이 좋습니다.

홀바닥은 나뭇결이 보일 만큼 밝은 나뭇결로 마무리된 플로링을 깔고 벽과 천장은 하얀 클로스를 칠합니다. 조명이 밝고 큰 수납공간이 있으면 금전운에는 길흉의 기복이 심하지만 문제는 없습니다.

좋지 않은 풍수 인테리어   밝고 청결한 느낌이 들지 않고 흙이나 먼지투성이인 현관에 구두가 나둥그러져 있으면 외과적인 질병·사고·전근 등으로 집안의 분위기가 어수선해지고, 상속으로 헛된 지출이 증가하는 원인이 됩니다.

풍수로 부자되는 인테리어 꾸미기   우선 정리하여 현관입구는 매일 물로 씻거나 물걸레질을 하여 항상 청결하게 유지해야 합니다. 신발장 위에 흰 레이스를 깔고 분홍이나 노랑이 들어간 꽃병에 하양과 노랑의 꽃을 장식하십시오. 벽에 겨울은 눈 덮인 설산, 여름에는 푸르고 시원한 여름 산이 그려진 그림을 장식하는 것이 좋습니다.

또 문패를 부착함으로써 나쁜 풍수가 다소 누그러질 수도 있습니다. 나무 소재로 된 현관의 문패에 집주인의 이름을 새기고, 바깥에서 보아 문패가 우측으로 오게 붙이십시오. 그리고 현관매트는 흰 바탕에 노란 꽃무늬가 돈을 불러들입니다.

2 금전운이 재산으로 되는 동북쪽의 계단

흰 레이스나 하양과 노랑의 체크무늬 커튼을 단다

좋은 풍수 인테리어   중간에 벽이나 천장이 없는 2층 건물의 동북쪽 계단은 기(氣)가 안정되지 않아 재산이 되는 파워가 약하기 때문에 금전운에는 그다지 좋지 않습니다.

따라서 인테리어적인 깨끗한 계단으로 하십시오. 계단의 소재는 미끄러지지 않는 것이 좋고, 목재라면 나뭇결로 마무리한 것, 카펫이라면 밝은 색상으로 넉넉한 계단을 만듭니다. 벽과 천장도 하양 계열의 밝은 색상으로 하고, 반드시 난간을 설치하십시오. 그리고 조명을 밝게 하고, 계단홀 공간의 경계는 문이 있으면 금전운에 좋습니다.

풍수로 부자되는 인테리어 꾸미기　만약 좋은 풍수 인테리어로 되어 있지 않다면 우선 깨끗이 청소하는 것이 중요합니다. 미끄러지지 않게 하거나 난간을 설치하고 조명은 밝게 하십시오. 벽에 마음에 드는 디자인의 아름다운 집 사진 등을 흰 프레임의 액자에 넣어 걸으십시오.

귀문(鬼門)선상에 창이 있는 경우에는 흰 레이스나 하양과 노랑의 체크무늬 커튼을 걸고 창가에 하얀 꽃을 장식하면 금전운이 재산으로 되는 것을 도와줍니다.

3 하양의 인테리어로 돈을 불러들이는 동북쪽의 부엌

하양이 주 색상이 아니면 항상 반짝반짝하게 정성들여 청소한다

좋은 풍수 인테리어　귀문라인(동북쪽의 사우선)상에 화기(火氣)

가 있는 가스렌지나 수기(水氣)가 있는 싱크대 등이 있으면 동북쪽의 기(氣)를 흐트러트려 병이나 어수선함이 장기간 이어지거나 전근 · 전직으로 지출이 늘어납니다.

여기서 '귀문라인상'이란 귀문라인과 그 전후 5도의 폭을 말합니다. 거기에서 가스렌지나 싱크대, 창 등이 떨어져 있으면 동북쪽의 귀문라인상에 결함이 없다고 생각해도 좋습니다.

이곳에 돈을 불러들이기 위해서는 바닥에 비닐시트 등으로 하양이나 노랑 계열을 사용하는 것이 좋습니다. 만약 바닥이 타일이라면 하양이 좋고, 시스템부엌 등의 가구가 하양 계열이라면 타일이나 벽은 노랑이나 붉은 포도주색 계열이 좋습니다.

천장도 벽과 같이 색조를 맞추십시오. 하지만 바닥 밑의 수납공간으로 사우선상에 큰 것을 설치하면 좋지 않습니다. 부엌문이나 창문도 크지 않은 쪽이 금전운에는 좋습니다. 어디까지나 '하양'이 기조로 되어있으면 안심해도 됩니다.

풍수로 부자되는 인테리어 꾸미기   하양이 기조가 된 인테리어가 아니라면 싱크대 안이나 가스렌지, 벽의 타일이나 스테인리스, 수도꼭지 등을 반짝반짝하게 합니다. 그리고 전자렌지 근처에는 작은 관엽식물을 놓아두고 냉장고의 문에 붙은 메모지나 전화번호 스티커는 제거하십시오.

또한 냉장고 위에 화기(火氣)류를 놓아두어서는 안 되며, 하양과

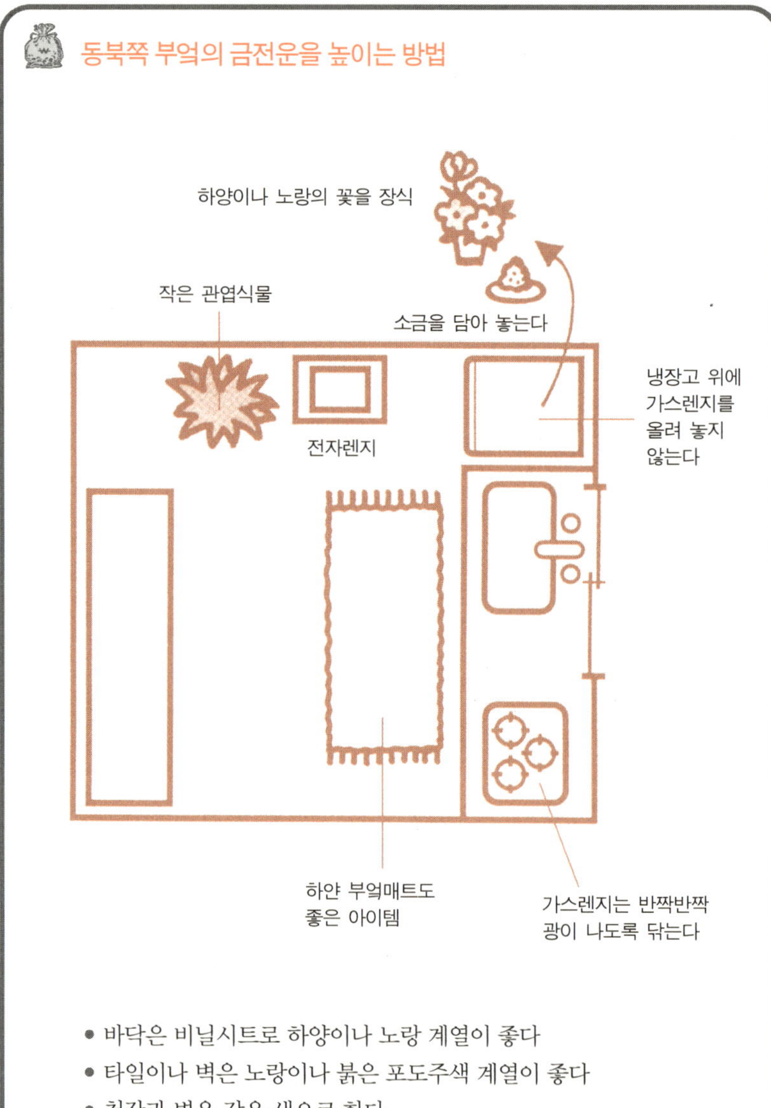

- 바닥은 비닐시트로 하양이나 노랑 계열이 좋다
- 타일이나 벽은 노랑이나 붉은 포도주색 계열이 좋다
- 천장과 벽은 같은 색으로 한다

노랑의 꽃을 장식하거나 소금담기를 하는 것이 효과가 있습니다.

부엌문에는 쓰레기를 놓지 않는 것이 좋지만 꼭 놓아야 하는 경우에는 정제되지 않은 소금을 한 움큼 쓰레기 봉지 안에 넣어둡니다.

4 여유 있는 공간이 돈을 불러들이는 동북쪽의 식당
하양이나 노랑, 분홍이나 빨강의 꽃을 장식하면 돈을 불러들인다

좋은 풍수 인테리어　동북쪽의 식당은 온돌방에 차를 마시는 공간을 겸용하는 것이 좋습니다. 온돌에서는 방석에 앉아 상에서 식사를 할 때 금전운이 높아집니다. 또 하양 계열의 색과 같이 밝은 색으로 벽지를 붙이고, 천장은 백목(白木)의 곧은 나뭇결이 풍수상 크게 좋습니다.

밝은 플로링과 백목에 가까운 사각 테이블 그리고 등받이가 말안장처럼 생긴 의자를 사용해주십시오. 가구도 크고 투박하게, 유리문도 반짝반짝하게 하며, 조명을 밝은 것으로 쓰면 최고입니다.

풍수로 부자되는 인테리어 꾸미기　어둡고 짙은 색조로 인테리어가 되어 있는 집은 가족들이 안정되지 못하고, 집안 정돈이 잘 안 되기 쉽습니다. 그러므로 금전운을 높이려면 우선 여유 있는 공간을 만드십시오.

또한 식당은 집안에서 가장 가족이 모이기 쉬운 장소이므로 아무래도 더러워지기 쉽습니다. 동북쪽은 깨끗함을 항상 유지하는 것이 제일 중요합니다. 따라서 청소기를 매일 돌리고 환기를 시키십시오. 또 쓰레기통에 쓰레기가 넘치도록 며칠 동안 모아두는 것은 좋지 않습니다.

조명은 밝게 하고 청소하기 쉬운 단순한 형태를 사용합니다. 그리고 식기장 등의 가구는 되도록이면 무크재나 하양이 좋으며, 가구의 유리문은 반짝반짝하게 하여 동쪽이나 남쪽을 향하게 합니다. 안에는 하양이나 노랑의 접시나 그릇을 진열해두면 좋습니다.

카펫은 꾸밈없이 자연스럽고 편안한 분위기의 하양이나 엷은 베이지색 계열로 하는데, 만약 카펫이 짙은 배색이라면 테이블클로스나 런천매트 등을 희고 사각의 것으로 깔고 식탁에 하양이나 노랑, 분홍이나 빨강의 꽃을 장식하는 것이 좋습니다. 또 소리가 나는 TV나 오디오, 전화 등은 방의 동쪽에 두십시오.

5 크고 넉넉하면 금전운에 좋은 동북쪽의 거실
더러우면 교육문제나 상속과 금전에 관련된 트러블로 지출이 생긴다

좋은 풍수 인테리어　　아주 채광이 좋다고는 말할 수 없지만 거실이 조금 크고 넉넉하면 금전운에 좋습니다. 반대로 좁으면 나쁜 풍수

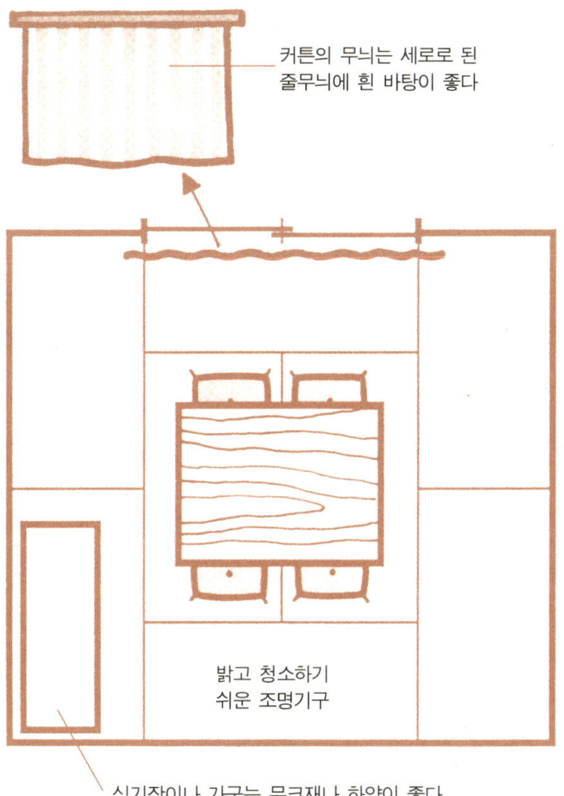

- 바닥은 온돌이 금전운에 좋다
- 벽은 하양으로 밝게 하는 것이 좋다
- 천장은 백목의 곧은 나뭇결이 있는 것이 좋다

가 되기 쉽습니다.

온돌식에 보일러관을 설치할 때 귀문라인상은 피하십시오. 서양식으로 플로링과 카펫을 사용하는 것은 가능합니다. 이때 색은 하양 계열이나 베이지색 계열로 하고, 벽과 천장도 하양을 기본으로 꽃무늬나 스트라이프(stripe, 줄무늬가 있는 천)가 들어가는 것이 좋습니다. 반드시 노랑이 들어가 있는 인테리어나 페브릭(직물)을 사용하면 금전운에 좋습니다.

좋지 않은 풍수 인테리어　귀문의 거실이 더러워져 있으면 가족간의 언쟁이 많아지고, 특히 교육문제나 상속과 금전 관계의 트러블로 지출이 늘어나게 됩니다.

풍수로 부자되는 인테리어 꾸미기　온돌식이라도 금전운적으로 나쁜 풍수라면 벽에 수묵화나 서예 작품 등을 장식하여 차분한 공간을 만드십시오. 만약 커다란 창문이 있고 미닫이가 없다면 얇은 베이지색의 커튼을 사용하고, 스탠드는 백목(白木)의 사각 테두리로 된 것이 좋습니다. 소품 등도 사각 이미지의 것이 금전운을 높여줍니다.

서양식의 경우 커튼이나 쿠션 등은 스트라이프나 체크무늬에 기본색은 하양과 노랑으로 하고, 소파는 천으로 된 것을 사용하며, 센터 테이블도 사각의 무크재를 사용하는 것이 좋겠지요. 쿠션도 하양이나 노랑의 무지나 스트라이프, 체크무늬를 사용합니다.

조명은 천장뿐만 아니라 스탠드나 블라켓 스포트라이트 등의 보조 조명을 달아 밝게 합니다. TV는 동쪽에 설치하고, 그림은 설경이나 여름 산을 걸어 놓으면 좋습니다.

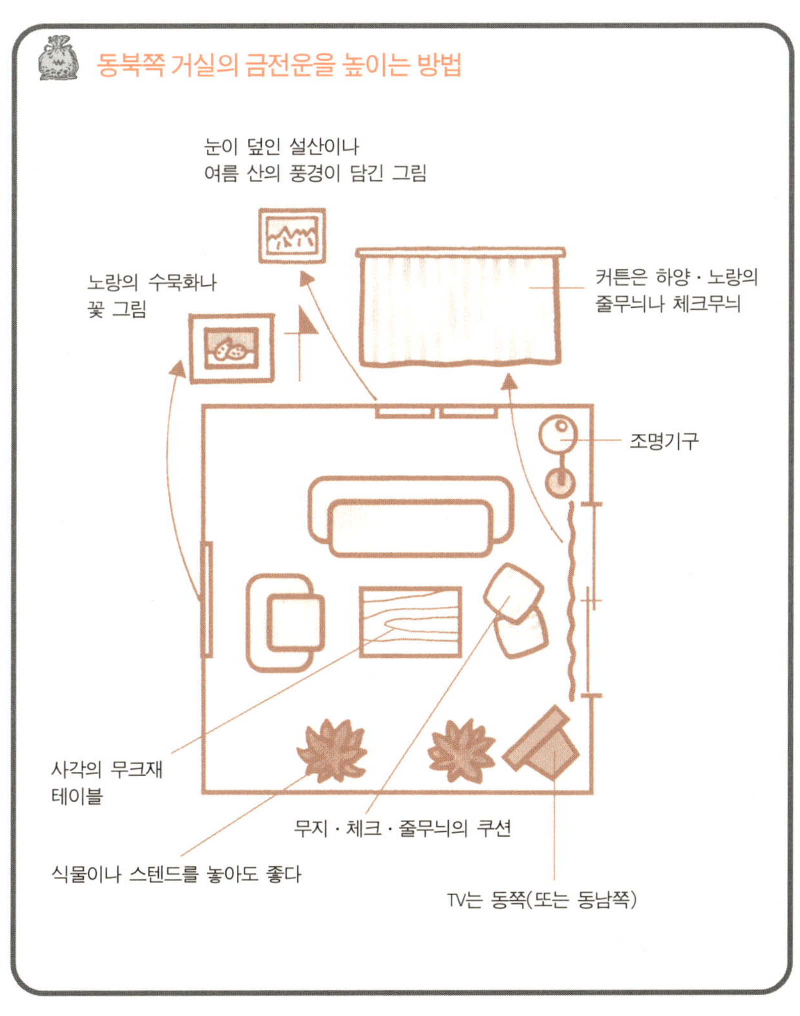

인생의 변화와 승부에 약한 동북쪽의 욕실
하양 계열로 통일하고 약간의 노랑과 빨강을 사용한다

좋은 풍수 인테리어　욕실은 물과 불을 사용하고 더구나 신체의 액을 씻어내는 장소입니다. 귀문라인상에 욕조나 욕실보일러가 있는 경우 인생의 변화와 승부에 약하고 잘못될 경우 실패하고 맙니다.

결함이 없는 욕실은 바닥의 타일도 하양이 최고지만 더러움이 눈에 띄지 않는 것이 좋겠지요. 배수구나 배수관도 지름을 크게 하여 배수가 잘 되도록 해야 합니다.

벽은 하양을 중심으로 크림색이나 노랑, 빨강의 포인트가 하나 정도 들어가도 좋으며, 천장은 아이보리색 계열로 곰팡이가 생기지 않는 FRP(Fiberglass Reinforced Plastics, 유리섬유강화플라스틱)소재가 좋습니다.

욕조는 하양이나 크림색, 빨강이라도 금전운에 좋습니다. 또 거울은 큰 것 보다는 작은 것을 장식하고, 창문은 귀문라인에 오지 않도록 해야 하며, 창문을 닫아도 환기가 되도록 환풍기가 부착되어 있으면 그런대로 괜찮습니다.

풍수로 부자되는 인테리어 꾸미기　이런 내부 장식이 없으면 환기와 청소를 우선으로 하고 인테리어는 다음과 같이 장식합니다. 욕실의 매트 등은 하양 계통으로 미끄럼을 방지할 수 있는 것을 사용하고, 수건이나 목욕수건도 하양을 사용합니다. 전체적으로 약간의 노랑이나 빨강을 사용하여 금전운에 힘을 넣어보십시오. 소금담기도 효과적입니다. 마지막으로 목욕한 사람은 반드시 욕탕의 물을 버리고 창을 열든지 환풍기를 돌린 다음 찬물의 샤워기로 간단히 청소하여 습기가 차는 것을 예방해야 합니다.

물에 젖은 채로 두면 재산을 잃는 동북쪽의 세면대
부지런히 닦아 청결하게 하고, 소금담기를 한다

좋은 풍수 인테리어　도자기나 내부 장식이 베이지색, 하양, 아이보리색, 초록이나 엷은 파랑 계통으로 내수성이 있고 미끄럽지 않은 소재를 사용합니다. 그리고 벽과 천장은 곰팡이가 생기지 않는 소재를 쓰며, 거울은 크고 조명은 밝은 것이 좋습니다. 환기를 자주 하여 습기가 생기지 않도록 하면 금전운의 결함은 조금 약해집니다.

풍수로 부자되는 인테리어 꾸미기　금전적인 손해를 보고 있거나 주택에 불만이 있고, 귀문의 세면대로 인해 금전운이 나쁘다고 생각한다면 동북쪽의 세면대에 더러운 것이 고이지 않도록 하십시오. 그리고 세면대 바닥을 물에 젖은 채로 두는 것은 금전운에 나쁜 작용을 하게 됩니다. 즉 곰팡이가 생기거나 건물의 손상이 빨라져서 재산을 잃기 쉽습니다.

그러므로 부지런히 닦아 항상 청결하게 유지하십시오. 또 하양이나 한 송이만 꼽을 수 있는 유리병에 노랑이나 빨강, 하양의 꽃을 장식하세요. 소금담기도 귀문의 세면대의 나쁜 풍수를 누그러트리기에 매우 좋은 방법입니다. 큰 창문이 있다면 크림색이나 흰 블라인드를 부착하십시오.

헛된 지출로 돈이 모이지 않는 동북쪽의 화장실
1주에 한 번 반드시 소금담기를 한다

좋은 풍수 인테리어　　귀문에 화장실이 있어도 변기가 귀문라인상에 없고 변기나 바닥, 벽, 천장에 하양을 중심으로 크림색이나 엷은 파랑, 노랑을 하면 좋습니다.

좋지 않은 풍수 인테리어　　동북쪽의 화장실은 금전운 외에도 결함의 포인트가 되기 쉽습니다. 집을 짓는 사람은 이제부터라도 이 방위에 화장실을 짓는 것을 피하십시오. 지금 이 방위에 화장실이 있는 사람은 건강을 해치거나 골절, 오랜 질환 등으로 헛된 지출이 증가하여 돈이 모이지 않습니다. 화장실 문이나 벽에 달력이나 읽을거리를 붙이면 금전운은 더욱 나빠집니다.

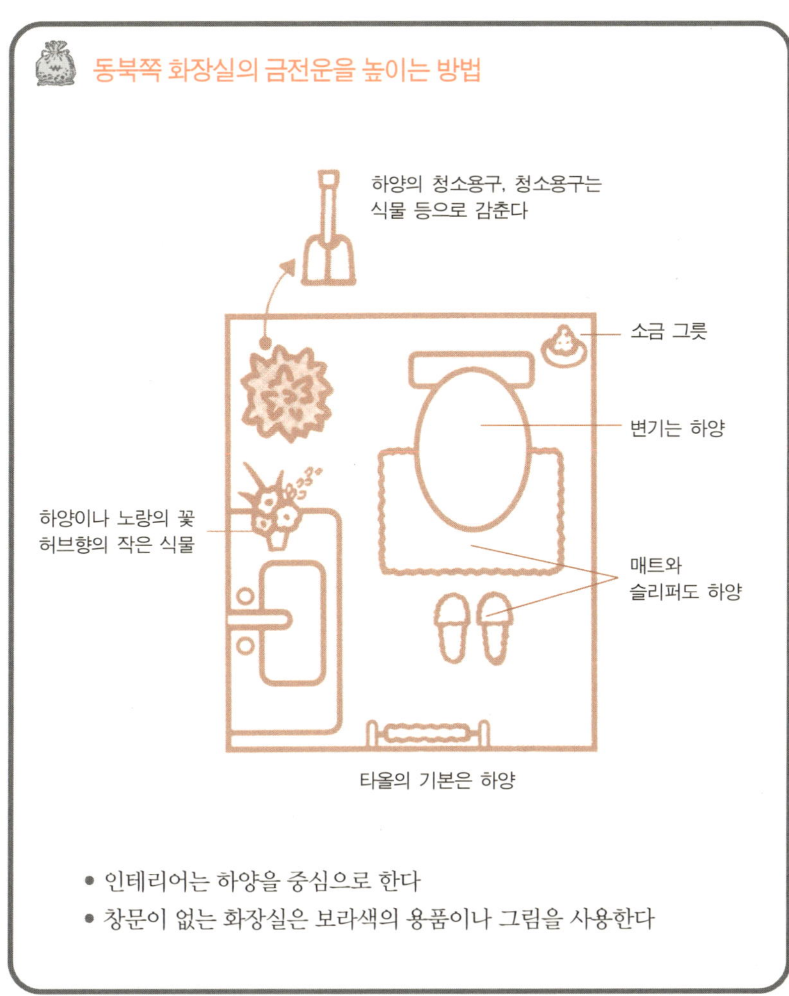

풍수로 부자되는 인테리어 꾸미기　　이제 색상을 사용함에 있어서 앞에서 설명한 것과 같지 않고, 귀문에 화장실이 있는 경우는 소금담기를 하십시오. 그리고 일주일에 한 번 정도는 새로운 소금으로 교환

해야 합니다. 그리고 오래된 소금은 외부에 뿌리든가 변기에 흘려내려 보내세요.

창이 없는 화장실이라면 보라색의 화장실용품이나 소품 또는 그림을 사용하십시오. 수건도 슬리퍼도 모두 하양으로 하고, 조명도 밝게 하고 환풍기를 사용한 후 한동안 켜 놓는 사람은 전기요금 이상으로 금전운의 혜택을 받습니다.

화장실에 매트가 깔려져 있더라도 슬리퍼는 꼭 놓아두십시오. 그리고 하양이나 노랑의 꽃, 허브 향기가 나는 소품을 놓아두십시오.

통풍이 잘 돼야 돈이 들어오는 동북쪽의 침실
깨끗이 하고 통풍을 좋게 하면 금전운과 재물운을 부른다

좋은 풍수 인테리어　　동북쪽의 침실이 온돌방인 경우 금전운과 재물운을 부르려면 먼저 침실을 깨끗이 하고 통풍을 잘 되게 하며 반침 안을 깨끗이 해두어야 합니다.

서양식이라면 바닥에 카펫보다 나뭇결이 예쁘고 밝은 플로링이 좋습니다. 벽과 천장도 베이지색이나 엷은 초록, 크림색 계열을 쓰고 천장은 하양의 방음 소재나 클로스로 처리합니다. 지나치게 하양이라 안정되지 않는다면 부드러운 갈색 계열의 내부 장식도 재물운에는 좋습니다. 커튼은 베이지색 계열이 돈을 불러들입니다.

 혹시 더러워져 있거나 나쁜 풍수라면, 안정된 생활을 하지 못하고 직업을 자주 바꾸는 사람이 많습니다. 또 사람이 너무 좋아 손해보는 일만 하는 등 금전운, 재물운에는 마이너스가 되는 일이 많습니다.

우선은 청소를 하고 침대커버나 베개커버, 시트도 하양을 사용하고, 부부의 침실이라면 취미 공간이 있는 편안한 침실을 만드십시오.

북쪽 벽에는 분홍이나 붉은 포도주색 계열의 꽃 그림, 동쪽 벽에는 아침해나 태양, 남쪽에는 여름 이미지를 나타내는 그림, 서쪽에는 노란 열매가 많이 달린 나무의 그림을 장식합시다.

서랍장이나 옷장은 방의 북쪽이나 서쪽에 놓습니다. 색은 하양이면 최고입니다. 또 커다란 창은 좋지 않으므로 덧문이 있으면 밤에는 꼭 닫아주십시오. 창에는 하양이나 황갈색, 노랑이나 약간 빨강이 들어간 체크무늬의 커튼을 걸으십시오. 레이스는 하양으로 하면 좋습니다.

10 장남의 방으로 안성맞춤인 동북쪽의 아이 방
더러우면 금전운이 없는 아이로 자란다

좋은 풍수 인테리어　　풍수에서는 '장남이나 상속할 아들은 동쪽이나 동북쪽에 살게 한다'고 말합니다. 상속에 관한 문제가 일어나지 않도록 상속인으로서 고민하지 않도록 하기 위해서입니다. 다만 깨끗하게 해두지 않으면 상속의 일 등으로 헛된 지출을 많이 하여 고민합니다.

당신 집의 금고와 재물운을 키우는 이상적인 아이 방의 바닥은 카펫보다는 플로링, 벽과 천장은 심플한 클로스나 비닐클로스로 하는 것이 좋습니다. 천장은 소리를 잘 흡수하는 불연재(不燃材)의 하양 소재를 사용하고, 가구 등도 무크의 백목이나 흰 도장이 된 가구나 각이 있어 직선을 살린 가구가 최고입니다. 또 책상은 투박한 타입의 것이 좋습니다. 그러면 반드시 금전운이 있는 좋은 아이로 자랍니다.

좋지 않은 풍수 인테리어　　방이나 옷장 안이 더럽혀져 있고, 봉제인형을 셀 수 없을 정도로 바닥과 침대에 두거나 장난감이 어지럽게 있으면 이 방은 금전운이 싫어할 뿐만 아니라 금전운이 없는 아이로 자랍니다.

풍수로 부자되는 인테리어 꾸미기　　아이 일로 지출이 많다면 아이에게 맡기지 말고 부모가 깨끗이 청소를 하고 항상 깨끗이 유지하십시오. 또 겨울에는 사우선상을 피하여 난방 기구를 놓으십시오.

페브릭은 역시 하양이 좋습니다. 그리고 방석 등은 날씨가 좋은 날에는 바깥에서 햇볕에 잘 말리고, 베개커버나 이불커버도 부지런히 세탁해야 합니다.

동북쪽 아이들의 방에 금전운을 높이는 방법

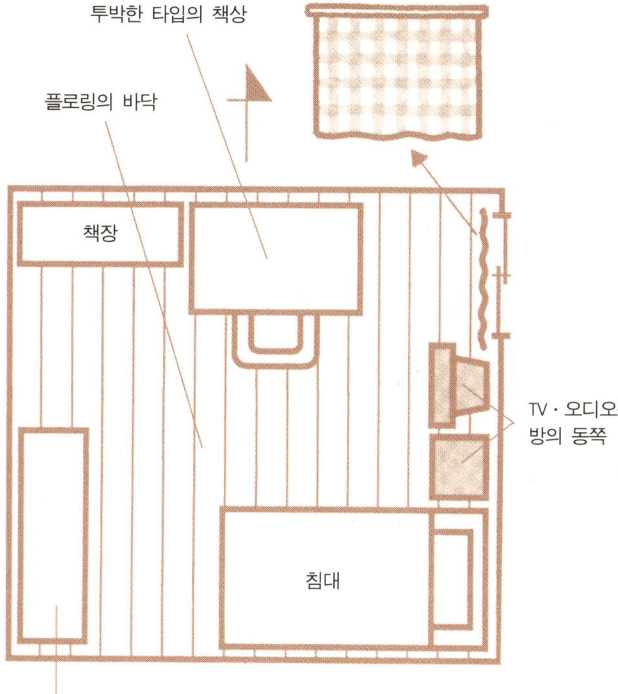

- 벽이나 천장은 심플한 클로스나 비닐클로스
- 천장은 방음이 되는 불연재의 하양

창문에는 하양을 기본으로 하여 거기에 황색이 세로로 들어간 스트라이프나 체크무늬의 커튼을 달고, 차분하게 책상에 앉는 것이 힘들다면 책상은 방 북쪽에 북향으로 두고 침대는 동향으로 하는 것이 좋습니다.

11 잡동사니를 쌓아두면 돈이 달아나는 동북쪽의 복도
조금 넓고 여유 있는 복도가 금전운에 좋다

좋은 풍수 인테리어　동북쪽의 복도는 조금 넓고 여유 있는 게 좋습니다. 또 조명은 밝은 것이 좋습니다.

내부 장식은 청소하기 쉽고 더러움이 눈에 잘 띄는 것이 제일입니다. 더러움이 눈에 띄면 부지런히 청소하겠지요. 그러므로 동북쪽은 더러움이 눈에 잘 띄는 것이 좋습니다. 바닥은 카펫보다 플로링으로 하고 나뭇결이 아름다운 밝은 것이 좋습니다. 벽이나 천장은 하양을 쓰는데 하양이 지나치게 밝아서 안정되지 않는다면 베이지색이나 크림색 계열, 엷은 초록 계열도 좋겠지요.

좋지 않은 풍수 인테리어　동북쪽의 복도는 더러워져 있으면 급격히 운기가 하락하고, 벽이 손때로 검게 되었거나 바닥에 먼지가 쌓여 있으면 금전운의 태도는 급변합니다. 즉 금전운이 당신 집에 들어오지 않습니다.

　원래 복도는 어디에 있어도 너저분하게 물건을 두는 것은 좋지 않지만 동북쪽의 복도는 특히 쓰고 난 나머지 것을 두지 않도록 주의하십시오. 실내에 들어갈 수 없는 것을 일시적으로 놓거나 다른 곳으로 보낼 물건을 동북쪽의 복도에 놓아두면 좋지 않습니다.

풍수로 부자되는 인테리어 꾸미기　벽에 너무 덕지덕지 붙이거나 장식하지 않는 편이 좋지만, 하양 바탕에 노랑이 섞인 그림이나 소품을 장식하는 것이라면 동북쪽의 금전운 파워는 크게 만족할 것입니다. 겨울에는 설경, 여름에는 여름 산 등 산뜻한 이미지가 있는 산의 그림이나 사진이 동북쪽과 잘 어울리는 좋은 장식품입니다.

02 수납과 풍수적으로 좋은 방위인 동북쪽의 수납
상자나 사각형이 돈을 불러들이는 풍수다

좋은 풍수 인테리어　동북쪽은 수납과 풍수적으로 좋은 방위입니다. 다만 이것은 깨끗이 보관한다는 것을 전제로 한 이야기입니다. 동북쪽이 더러워져 있으면 집안에 좋은 기(氣)가 들어오지 않습니다. 그러므로 항상 깨끗이 하여 부자가 되는 풍수를 보관해두십시오.

　내부 장식은 하양이나 노랑, 크림색을 사용하면 좋고, 상자나 사각형의 물건이 풍수에 좋으므로 항상 선반을 겹쳐 수납하는 시스템수납도 권장합니다. 하양의 수납가구나 상자를 위아래나 좌우로 나란히 수납하는 방법도 좋겠지요.

좋지 않은 풍수 인테리어　수납공간의 안이 먼지투성이고 안에 무엇이 들어있는지 알지 못하는 상태라면 외과적인 질병이나 사고가 있을 수 있으며, 병원 출입으로 의료비가 평균보다 많이 지출되는 경향이 있습니다.

풍수로 부자되는 인테리어 꾸미기　칼이나 공구 등을 수납할 경우 반드시 상자나 자루 안에 넣어두는 좋습니다. 이때 칼이 삐져나와 손을 벨 수 있기 때문에 주의하십시오. 의복이나 가구 등을 보관하는 방은 바닥을 미끄럽지 않는 소재로 하고, 조명은 되도록 밝게 해둡니다. 또한 흰 천이나 레이스가 달린 커튼을 이용하여 문짝을 열어도 훤히 다 보이지 않도록 하는 방법도 권장합니다.

남서쪽에 현관이 있고 수납이 '럭키 존'상에 있는 경우 동북쪽과 풍수적으로 잘 어울리는 하양이나 노랑의 것과 함께 남서쪽과 잘 어울리는 초록이나 보라, 갈색, 빨강, 오렌지색 등의 것도 함께 수납해둡니다. 동북쪽의 수납에는 다 쓴 어린이 장난감이나 책, 가방, 스포츠용품 등을 깨끗이 수납해두는 것도 좋겠지요.

집의 동쪽에서
돈을 불러들인다

가족이 건강하고 기가 넘쳐 사업이 잘되고 있는 것이 부자가 되는 풍수 인테리어의 첫걸음이다. 동쪽 방위는 누구나 아군으로 하고 싶은 공간이다.

1. 사업운이 좋아 크게 돈을 불러들이는 동쪽의 현관
채광이 나쁘면 아침해가 떠오르는 그림을 장식한다

좋은 풍수 인테리어   아침해가 드는 동쪽의 현관은 사업운이 좋아 크게 돈을 불러들입니다. 현관에는 도어폰과 인터폰이 있고 입구의 타일은 빨간 벽돌색이나 갈색 계열 또는 파랑 계열, 바닥은 플로링으로 장식된 것이 좋습니다.

카펫도 벽돌색이나 초록과 갈색으로 되어 있고, 현관의 벽이 합판이라면 더욱 금전운을 높여줍니다. 만약 클로스 계열이라면 천을 소재로 하고, 조명은 천장에 다른 블라켓도 있으면 완벽합니다. 천장은

벽과 같은 소재로 하고, 환기용 창문이 있으면 레이스로 장식된 커튼
이 달려있는 것이 금전운이 좋아하는 동쪽의 현관입니다.

풍수로 부자되는 인테리어 꾸미기　　풍수 인테리어적으로도 결함
이 있고 채광이 나쁜 현관이라면 신발장 위에 흰 레이스를 깔고 파랑
의 화병에 빨강 꽃을 장식하거나, 현관홀에 아침해가 떠오르는 그림
을 걸어주십시오. 우산대나 슬리퍼대 등은 새로운 디자인으로 하고,
문에 아름다운 소리가 나는 방울을 달아주세요. 화려한 구두나 아이
의 구두, 코트, 현관매트 등도 좋습니다. 화려한 디자인의 분홍이나
노랑의 시계, 분홍색이 나는 토끼의 열쇠고리도 좋겠지요.

포치에는 빨강이나 노랑, 하양, 분홍의 꽃이나 화분(분재) 한 개와
우산대를 놓고, 문패는 목재로 된 것에 집주인의 이름을 새겨서 달고
조명을 비춰주십시오.

2 아침해가 내리쬐는 것이 최고인 동쪽의 계단

빛과 소리로써 더욱 힘이 상승한다

좋은 풍수 인테리어　　중간에 벽이나 천장이 없는 2층 건물의 동
쪽 계단에 아침해가 내리쬐면 최고입니다. 가족이 건강하여 밝고 금
전운도 발전적입니다. 동쪽의 계단은 빛과 소리로 더욱 힘이 상승합

니다. 그리고 계단의 소재는 조금 두꺼운 나무나 카펫이 좋습니다. 색상은 어떤 색조라도 좋지만 금전운에는 벽과 천장에 하양과 빨강의 배색이 들어가 있는 것이 더욱 좋습니다. 조명은 전구가 3개 붙어 있는 디자인으로 하면 좋습니다.

풍수로 부자되는 인테리어 꾸미기　　그런데 지금 금전운이 오르지 않은 집에서 계단이 동쪽에 있다면 아침 일찍 일어나 계단 내에 창으로부터 아침해가 들게 하십시오. 창은 큰 것이 나쁜 풍수를 약하게 합니다. 창이 있어도 빛이 들어오지 않으면 빨강이나 분홍색의 커튼을 달아주고, 만약 창이 없다면 계단 공간에 작은 무늬의 레이스를 깔고 파란 화병에 노랑과 하양, 빨강의 꽃을 생화로 꽂아 주세요.

　그리고 금속제의 커다란 물건은 피하고 벽에는 파란 용이 그려진 도자기, 판화나 유화로 된 꽃 그림을 장식합니다. 목재 계단이라면 매일 물걸레질을 해주십시오.

3 경제적으로 곤란을 받지 않는 동쪽의 부엌

돈이 들어오고 나감이 심하더라도 경제적으로는 곤란하지 않다

좋은 풍수 인테리어　　동쪽 부엌의 장점은 가족 전원이 건강하다는 것입니다. '동의 부엌, 서의 침실'이라 말할 정도로 동쪽 부엌은

활기의 원천이 됩니다. 돈이 들어오고 나감이 심하더라도 경제적으로는 곤란을 받지 않습니다.

이런 집의 인테리어는 아침해가 들어오는 부엌의 경우 바닥재는 플로링, 비닐시트, 크로크타일 등의 소재를 쓰고, 색은 좋아하는 것으로, 벽의 색은 아이보리색이나 베이지색으로 합니다. 개수대 타일은 붉은 포도주색이나 노랑 또는 엷은 초록으로, 천장은 방화와 방음을 생각하면서 같은 계열의 색으로 조금 진한 것을 사용합니다.

나뭇결이 아름답게 장식된 반질반질한 마무리의 시스템부엌에 밝은 개수대 전등을 장식하고, 빛이 들어오는 큰 창과 옆에 관엽식물을 놓아두는 것이 이상적입니다.

풍수로 부자되는 인테리어　　　한편 정중앙선상에 싱크대(水氣)와 가스렌지(火氣)가 있으면 좋은 풍수에서 나쁜 풍수로 바뀌는 경우입니다. '유감이지만 우리 집은 그런 내부 장식도 아니고 금전운도 없다'고 생각하는 사람은 부엌 인테리어를 다음과 같이 하면 됩니다.

부엌이나 벽, 천장이나 시스템부엌 등에 거울이 없더라도 블라인드나 커튼을 항상 열어두어야 합니다. 그리고 금전운의 파워를 높이기 원한다면 커튼이나 블라인드 색은 초록과 파랑이 들어간 것을 사용하는 것이 좋습니다. 또 벽돌색의 매트를 발밑에 두면 감정을 냉정하게 해주어 안정적이 되며, 개수대 전등의 조명은 꼭 필요합니다.

냄비, 솥, 소품 등은 빨강이나 파랑의 색상이 좋고 다른 부엌용품은 이 색에 노랑과 초록을 더해서 사용하십시오. 에이프런이나 슬리퍼, 수건 등도 같은 것으로 합니다. 그리고 부엌에 서서 명상음악이나 풍수의 환경음악을 들으면서 요리를 하면 더욱 좋겠지요.

4 사업으로 크게 부자가 되는 동쪽의 식당
밝게 인테리어를 하고 창문 주변에는 관엽식물을 둔다

좋은 풍수 인테리어　식당으로는 아주 좋은 방위입니다. 아침해가 드는 식당에서 식사하는 것은 건강하고 사업으로 돈을 불러들이는 데 최고입니다.

고바 집의 식당도 동쪽입니다. 바닥은 베이지색 계열의 바닥재로 중간 벽은 포도주색 그리고 벽과 천장은 베이지의 밝은 색으로 하고, 커튼은 분홍이나 초록 그리고 황금색이 들어간 것입니다. 이 풍수 인테리어가 사업으로 금전운을 높여줍니다.

그 외에는 코르크타일이나 플로링도 좋겠지요. 벽과 천장은 하양을 기본으로 하고, 테두리를 선명하게 짙은 색으로 페인트칠하거나 선반으로 호화롭게 마무리하면 좋습니다. 고바의 집도 그렇습니다. 창가에는 관엽식물을 한두 개 놓아둡니다.

풍수로 부자되는 인테리어 꾸미기　밝지 않아도 식당이 동쪽에 있

 ## 동쪽 식당의 금전운을 높이는 방법

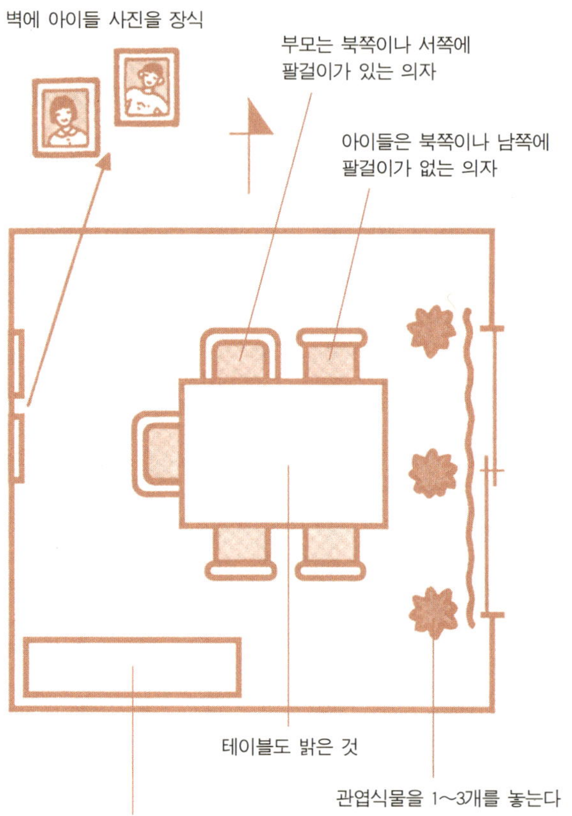

- 커튼은 분홍과 초록, 황금색이 들어가 있는 것
- 바닥은 베이지색 계열에 코르크타일이나 플로링도 가능
- 중간 벽은 포도주색
- 벽과 천장은 하양을 기본으로 테두리는 짙은 색으로 한다

는 경우 커튼은 되도록 무지로 빨강이나 노랑, 초록의 밝은 것으로 합니다. 그리고 가구는 밝은 배색으로 하고 벽에는 아이들 사진을 장식하며, 주변에 관엽식물도 배치합니다.

의자는 중요하므로 어른은 팔걸이가 있는 것을, 아이는 팔걸이가 없는 것을 사용합니다. 아니면 가족 전원이 팔걸이가 있는 것으로 하여 북쪽이나 서쪽에는 부모가 앉고, 아이들은 남쪽과 북쪽으로 앉으면 금전운이 높아집니다.

5 온돌식과 서양식 모두 금전운이 좋은 동쪽의 거실
포인트로 노랑이나 빨강을 쓰면 완벽하다

좋은 풍수 인테리어　동쪽 방위에 있는 거실은 온돌식이나 서양식이나 금전운에 좋은 영향을 줍니다. 그래서 금전운을 더욱 높이려면 방음효과가 뛰어난 것을 사용하면 좋습니다. 그리고 창이 크고 밝아 통풍이 좋은 방이라면 인테리어 색상은 노랑이나 빨강을 포인트로 주면 완벽합니다.

풍수로 부자되는 인테리어 꾸미기　창이 없거나 창이 있어도 채광과 통풍이 나쁘다면 방의 동쪽에 빨강이나 파랑의 갓이 있는 스탠드와 관엽식물을 놓아두십시오. 소파·카펫 등이 화려한 무늬라면 무지의 하양이나 크림색의 쿠션을 두면 좋습니다. TV나 오디오, 전화 그리고 책이나 잡지 등은 방의 동쪽이나 동남쪽에 두고 금전운을 높이는데 전력을 기울이십시오. 베란다가 있다면 베란다에서 하양 · 빨강 · 파랑 · 엷은 노랑의 꽃을 많이 피우게 하면 됩니다.

사업이 잘 되고 금전운이 넘치는 동쪽의 욕실

춥고, 좁고, 어둡고, 곰팡이 냄새가 나면 우선 청소부터 해야 한다

좋은 풍수 인테리어　넉넉하게 큰 공간으로 욕실에서 유유자적한다면 목욕 중에 점점 좋은 아이디어가 떠올라 사업이나 금전운을 넘치게 하는 것이 가능합니다. 바닥은 벽돌색이나 파랑, 초록 계열로 하고, 욕조도 밝은 같은 색 계열로 하거나 하양도 좋습니다. 벽은 분홍 · 빨강 · 하양 · 노랑에 스트라이프를 넣어 꽃무늬가 들어간 타일로 하고, 천장은 유리로 하늘이 보이면 완벽합니다. 창은 크고 블라인드는 화려한 빨강이나 파랑으로 되어 있는 것이 좋습니다.

풍수로 부자되는 인테리어 꾸미기　동쪽의 욕실이 춥고, 좁고, 어둡고, 곰팡이 냄새가 나면 우선 청소부터 해야 합니다. 욕조의 색상은 하양 · 파랑 · 빨강 · 초록의 어느 쪽이든 한 가지 색으로 하고, 수건이나 용품 등도 모두 같은 색으로 하십시오. 또한 환기도 충분하게 시켜야 합니다. 창이 크면 블라인드는 하양으로 하면 됩니다.

그리고 아파트나 맨션 등 욕실 내에 창이 없는 경우에는 커튼을 하양이나 밝은 초록·노랑·빨강으로 해보십시오. 이러한 색을 비누나 샴푸용기에도 응용하고, 환풍기는 되도록 켜 놓으며, 목욕 중의 조명도 밝게 하십시오.

훌륭한 정보를 얻어 사업이 잘 되는 동쪽의 세면대
아침해가 들고 통풍이 좋으면 사업운과 금전운이 올라간다

좋은 풍수 인테리어　　비닐시트 계통이 무난합니다. 세면대는 음기(陰氣)가 강하므로, 벽과 천장은 곰팡이 방지의 비닐클로스나 타일을 붙이고 따뜻한 색으로 장식을 합니다. 아침해가 들어오고 통풍이 좋은 세면대라면 훌륭한 정보를 얻어 사업이나 금전운이 올라갈 가능성이 큽니다.

풍수로 부자되는 인테리어 꾸미기　　통풍이 나쁘거나 창이 없는 세면대인 경우 벽에 곰팡이가 생기거나 세면대에 더러운 것을 담은 채로 방치하면 비밀이 흘러나가 주변에 소문이 나거나, 금전상의 트러블이나 과거가 들통날 수도 있습니다.

이때는 환풍기로 강제로라도 환기를 시켜주고, 매트나 수건은 파랑이나 빨강이 포인트로 들어간 것을 사용합니다. 또 파랑과 빨강의 꽃을 초록색의 소품과 함께 장식하고 조명은 밝은 것을 사용합니다. 만약 세척기가 있다면 깨끗하게 하여 소음이 나지 않도록 하십시오. 요즘에는 세면대의 이용이 증가하여 금전운의 좋고 나쁨에도 파워가 커지므로 주의해야 합니다.

금전운에 걱정이 없는 동쪽의 화장실
감귤 향기가 나는 방향제나 꽃을 장식하면 운기가 상승한다

좋은 풍수 인테리어　　동쪽 화장실의 금전운에 생기는 결함을 없애는 방법은 화장실 변기가 동쪽 정중앙선상에 위치하지 않도록 하는 것입니다.

동쪽 방위의 화장실로써 창이 있고, 방음과 환기가 충분하면 그것만으로도 걱정은 없습니다. 바닥은 타일·플로링·비닐시트 등 어떤 것도 좋으며, 하양이나 크림색·파랑·벽돌색·초록·빨강이 금전운을 높여줍니다. 변기도 검정 이외의 반질반질한 금속이 붙어 있고 앞에서 말한 색이라면 좋습니다.

만약 창이 없는 경우라면 변기커버나 매트, 수건을 자주 새 것으로 교환하든지 매일 빨아 햇볕에 말려 사용하십시오. 수건은 빨강에 하양과 노랑, 보라색이 포인트로 들어가 있는 것으로 하고, 커버나 매트도 같은 색으로 하는 것이 좋습니다.

풍수로 부자되는 인테리어 꾸미기　　풍수 인테리어가 좋지 않고 변기가 동쪽의 정중앙선상에 있어 현재 돈이 부족한 상태라면 조명을 밝게 하고, 만약 어두우면 조명기구를 깨끗이 청소하든가 밝은 것으로 교환합니다. 환풍기는 되도록 켜 놓고, 빨강이나 파랑, 노랑이 포인트로 들어간 용품이나 보라색을 주의하여 사용하십시오. 또 수건 등은 직접 밖에서 말린 것을 쓰는 것이 좋습니다.

감귤 계통의 향이 나는 방향제나 꽃을 장식하면 운기가 상승합니다. 기력 부족으로 계획된 일을 계속할 수 없는 사람도 실천해보면 효과가 있습니다.

젊어서 사업으로 빨리 재산을 모으는 동쪽의 침실

좋은 풍수라면 빨리 재산을 축적한다

좋은 풍수 인테리어　　아침해가 들어오는 침실이라면 아메리칸 스타일로 방을 꾸미고, 약간 나뭇결이 나와 있는 거친 인테리어를 합니다. 클로스나 커튼도 꽃무늬에 노랑이 들어간 것이 좋습니다. 차분한 인테리어의 좋은 방법은 플로링이나 벽, 천장도 세련되게 갈색으로 통일하는 것입니다. 이때 포인트로 분홍이나 노랑 계열 또는 파랑 계열을 사용하면 좋습니다.

카펫은 중후한 분위기로 하고 덧문이 있어도 빛이 잘 통한다면 젊었을 때부터 사업이나 일에 두각을 나타내고 척척 금전운을 높여 빨리 재산을 모으게 됩니다.

풍수로 부자되는 인테리어 꾸미기　혹시 동쪽 침실의 인테리어가 풍수상 좋지 않다면 일찍 자고 일찍 일어나십시오. 그리고 창이 있다면 분홍이나 빨강, 노랑이 들어간 두꺼운 커튼과 레이스를 이중으로 하십시오. 창이 있거나 없거나 TV·오디오 등은 방의 동쪽과 남쪽 사이에 두십시오. 시계도 이 방위에 놓습니다. 옷장이나 서랍은 서쪽과 북서쪽, 북쪽 사이에 놓으십시오.

세기말에는 침대를 동향으로 두는 것도 좋습니다. 그리고 베개 밑에는 분홍색의 토끼인형을 놓아두고, 조명은 화려한 디자인으로 합니다. 또 하양·빨강·파랑·노랑을 기조로 한 붉은 과일 그림을 장식하십시오. 금고를 둔다면 침실의 북쪽에 두는 것이 옳습니다.

10 금전운이 높은 아이가 되는 동쪽의 아이 방

파워가 부족하다면 동쪽으로 머리를 두고 잠을 잔다

좋은 풍수 인테리어　'대를 이을 아들은 동쪽에 살게 하라'고 말

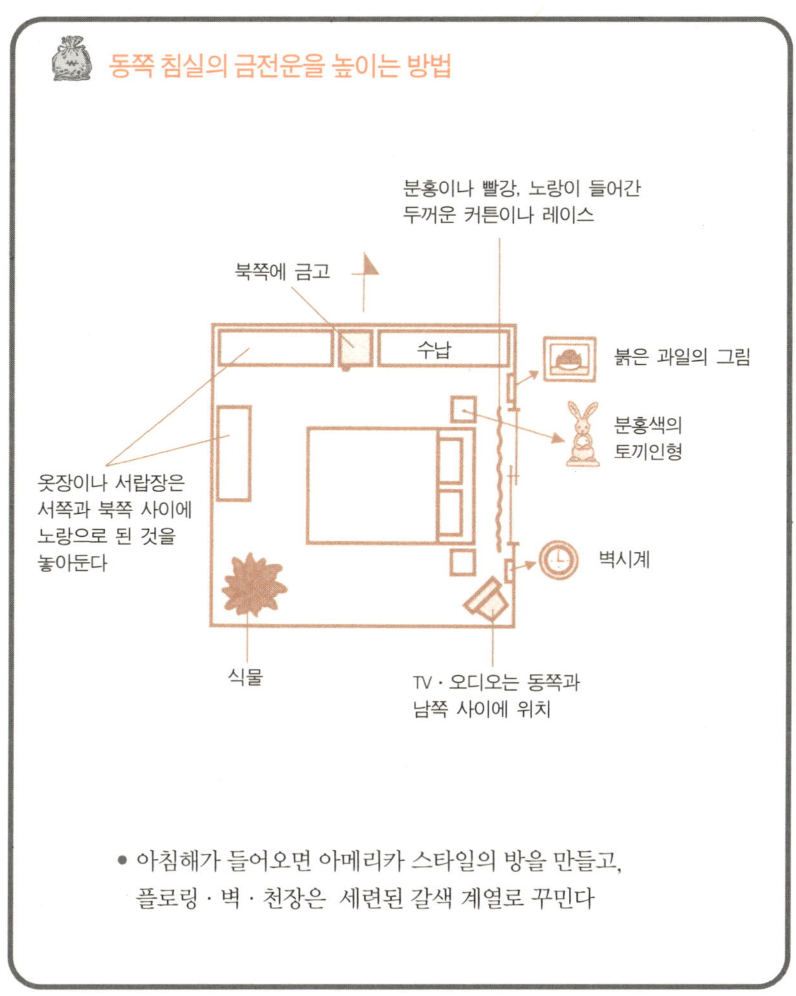

합니다. 왕궁에서도 왕세자는 동쪽에 거하고 그곳을 '동궁' 또는 '동궁전'이라 하였으며, 왕세자를 '동궁마마'라고 부릅니다. 그렇게 하면 금전운이나 상속운이 있는 아이로 자랍니다. 이것은 이 집에 금전운

이 있기 때문입니다.

Dr. 고바의 집은 노송나무로 된 바닥재를 파랑으로 도장하여 사용하고 있습니다. 그리고 아랫벽은 파랑으로 하고, 벽과 천장은 아이보리색 계열, 커튼은 파랑과 노랑의 체크무늬로 금전운을 높입니다.

또한 붉은 색의 자명종시계와 테두리가 붉은 색인 사진틀을 세우고, 분홍색의 토끼는 금전운을 높여주는 하얀 보석을 갖게 하여 3개 놓아두었습니다. 그 외에 노랑을 사용하면 안심이 되고, 온돌방에서도 걱정이 없습니다.

풍수로 부자되는 인테리어 꾸미기　방에 창문이 없고 어두워서 파워가 부족하다면 머리를 동향으로 해서 자게 하십시오. 그리고 인테리어 색상은 Dr. 고바의 집에서 배우십시오.

커튼을 세로의 스트라이프로 하면 잘 맞습니다. 전화를 두면 금전운에 관한 좋은 정보가 들어옵니다. 그러므로 전화기 근처에는 반드시 메모지를 두는 것이 좋습니다.

금전운이 약해지기 쉬운 동쪽의 복도

분홍과 금전운의 노랑을 병용해서 장식한다

좋지 않은 풍수 인테리어　동쪽은 채광이나 통풍이 좋은 방위이

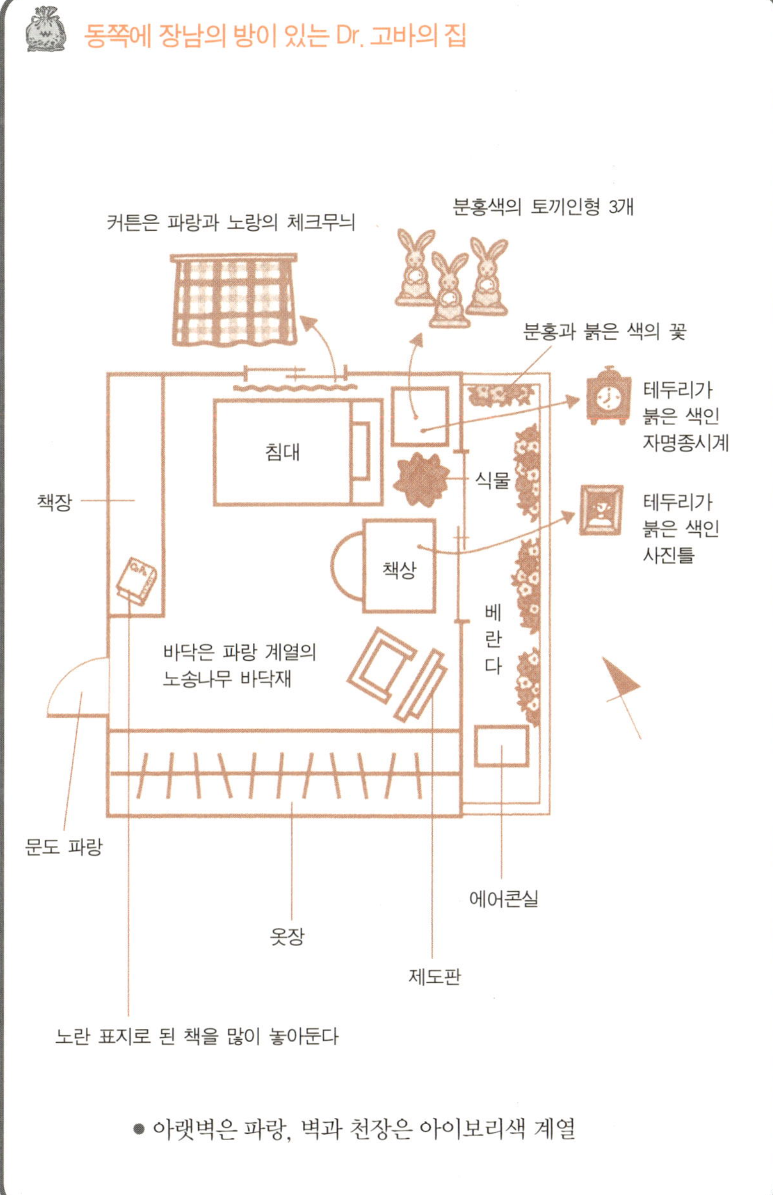

● 아랫벽은 파랑, 벽과 천장은 아이보리색 계열

므로 여기에 복도가 있으면 채광과 통풍이 방해를 받기 때문에 집 전체에서 보면 좀 유감이지요.

동쪽에 복도가 있기 때문에 다른 거실에 동쪽에서의 햇빛이 닿지 않으면 가족이 건강하지 않습니다. 금전운도 발전하지 않고 약간 약해지기는 하지만 동쪽에 화장실이나 욕실, 부엌 같이 물이 있는 것보다는 파워가 훨씬 높아집니다. 왜냐하면 동쪽에서의 차양 대신에 인테리어로 보충할 수 있기 때문입니다.

풍수로 부자되는 인테리어 꾸미기　　동쪽은 비교적 어떤 소재를 사용하더라도 나쁜 풍수가 되지는 않습니다. 하지만 좋은 풍수로 하고 싶다든가 동쪽에서의 아침해가 들어오지 않는다면, 벽이나 천장은 하양을 기본으로 하고 바닥은 밝은 색상의 플로링으로 장식하는 것이 좋습니다.

유행의 느낌이 있는 집이라면 아랫벽을 파랑이나 적갈색, 포도주색으로 장식을 하거나 스트라이프 벽지를 사용하는 것도 좋겠지요. 벽에는 아침해의 그림을 장식하거나 빨간 꽃을 장식하고, 조명은 밝게 하는 것이 좋습니다.

또 동쪽은 풍수상으로 소리와 잘 어울리므로 소리가 울리는 소품이나 소리의 이미지를 장식하는 것이 좋습니다. 예를 들어 소리가 나는 시계나 마음에 드는 CD자켓 등을 동쪽 벽에 장식해둘 것을 권합니다.

건강을 해치고 의욕을 잃기 쉬운 동쪽의 수납

파워가 없는 경우 하양과 빨강의 체크무늬 박스에 물건을 수납한다

좋은 풍수 인테리어　동쪽에 수납이 있으면 가족이 건강하지 않거나 사물에 대한 의욕이 결여되고 기력이 없어집니다. 왜냐하면 동쪽에 옷이나 가구를 두는 방이나 반침이 있다는 것은 동쪽에 창이 없어 아침해가 들어오기 어렵기 때문에 입니다. 그래서 방의 파워가 하락하는 것입니다.

그러므로 내부를 항상 깨끗이 정리해주세요. 그리고 내부 장식에 빨강이나 파랑을 사용하여 조금 유행적인 경향으로 하거나 아이의 장난감이나 스포츠용품, 빨강이나 파랑·노랑·분홍의 소품 등 활력이 있어 기분을 고양시키는 것을 수납합시다.

특히 동쪽에는 소리, 가전제품, 스피드, 성장 등과 풍수적으로 좋으므로 이러한 이미지의 CD플레이어나 카세트, 시계 등을 모아두면 잘 어울립니다. 또 스피드의 이미지가 있는 자동차용품을 수납해두는 것도 좋겠지요.

풍수로 부자되는 인테리어 꾸미기　파워가 없는 경우 하양과 빨강 체크무늬 박스를 사용하여 수납하면 금전운을 높일 수 있습니다. 체크무늬는 변화를 나타내므로 파워가 없으면 럭키컬러인 체크무늬를 사용하십시오. 빨강이나 분홍이 사용된 화려한 천을 씌워두는 것만으로도 수납은 효과가 있습니다.

　서쪽에 현관이 있는 경우 동쪽의 수납에는 동쪽 럭키아이템을 첨가하고, 서쪽의 럭키아이템으로 노랑이나 하양의 것, 식품류 등을 수납해두면 좋습니다.

7장 집의 동남쪽에서 돈을 불러들인다

동남쪽의 방위는 대인관계의 파워가 넘치는 곳이다. '원만한 관계를 불러온다'는 이 방위를 좋은 풍수로 하여 인간관계에서 '원만함'을 키우자.

1 인간관계가 넓어져 돈을 버는 동남쪽의 현관

인간관계에 인연이 없다면 분홍 · 노랑 · 하양 등의 꽃을 장식한다

좋은 풍수 인테리어　현관의 공간은 창이 있고 밝으며, 통풍이 좋고 깨끗하면 좋습니다. 그리고 이곳이 현관과 붙어 있는 마룻바닥의 10분의 1 정도 넓이라면, 인간관계를 원만하게 하는 것은 말할 나위가 없습니다. 이때 문은 사우선에서 벗어난 것이 좋습니다. 바닥은 타일이나 돌을 붙이고, 검정 이외의 색이 좋습니다. 현관홀의 바닥은 플로링, 벽은 목재를 사용하는 것이 최고로 좋으며, 천장은 높게 하고 조금 화려한 조명기구를 다는 것이 좋습니다.

　　현관이 넓지 않든가 인간관계가 좋지 않아 친구도 적고 신용도 없는 경우라면, 인테리어나 가구에 투명 유리나 거울을 사용하여 넓게 보이게 하거나 조명을 밝게 하는 것이 효과적입니다.

거울은 들어와서 보았을 때 좌측에 걸어 놓으면 돈을 불러들입니다. 또 베이지색 계열 등 밝은 색의 타일을 현관과 포치에 사용하거나 홀 바닥을 밝고 가벼운 느낌을 주는 플로링으로 하며, 꽃무늬의 현관 매트, 분홍·노랑·하양·오렌지색 등의 꽃을 장식하면 완벽합니다.

만약 꽃 그림이나 포스터를 장식한다면 나무테두리가 된 액자를 이용하고 탈취제나 방향제 또는 향수나 샤워코롱을 놓아두십시오. 문패는 집주인의 이름을 새겨 현관문 우측에 부착합니다.

현관에 벽장이나 수납공간이 있다면 골프 글러브나 테니스 라켓 등 스포츠용품을 넣어주십시오. 그리고 현관입구의 안팎을 매일 물로 씻어 대인 관계를 넓힌다면 금전운을 높일 수 있습니다.

부자가 되는 풍수로 바꿀 수 있는 동남쪽의 계단

빛이나 바람이 들어오지 않으면 꽃 그림이나 그림엽서를 장식한다

　　채광이나 통풍이 좋은 이 방위에 계단이 있는 것은 안타깝지만, 그것을 부자가 되는 풍수로 바꿔주는 것이 바로

Dr. 고바의 풍수입니다.

먼저 계단의 발판은 무크의 목재를 사용하고, 페인트는 밝게 칠합니다. 마루는 물론 벽과 천장, 난간 등도 나무 소재를 사용하면 인간관계가 원만해집니다. 창문에는 레이스커튼을 걸고 창틀에 꽃을 장식하십시오. 벽은 클로스로 칠한 벽도 가능하며, 천장은 벽과 같은 재질이어도 상관없습니다.

풍수로 부자되는 인테리어 꾸미기　창문이 없고 빛과 바람이 들어오지 않는다면, 꽃은 허브의 그림이나 그림엽서를 거추장스럽지 않게 장식하여 향기를 더하면 좋습니다. 그리고 조명을 밝게 해주세요. 봄에 피는 노란 꽃을 말려 벽에 장식하는 것도 좋습니다.

3 상쾌한 인테리어가 금전운을 높이는 동남쪽의 부엌
나뭇결이나 소박한 자연소재를 살린 부엌용품이 금전운을 높인다

좋은 풍수 인테리어　창문이 있고 상쾌한 인테리어는 금전운이 좋아합니다. 바닥은 플로링으로 밝고 반짝반짝 빛나는 색이 좋습니다. 벽의 타일도 비닐클로스로 따뜻하고 화려한 색을 사용합니다. 천장은 내화성이 있는 재료에 크림 계열의 VP도장으로 마무리를 하거나 방음 소재로 바닥과 같은 계열의 통일된 색으로 마무리하면 최고

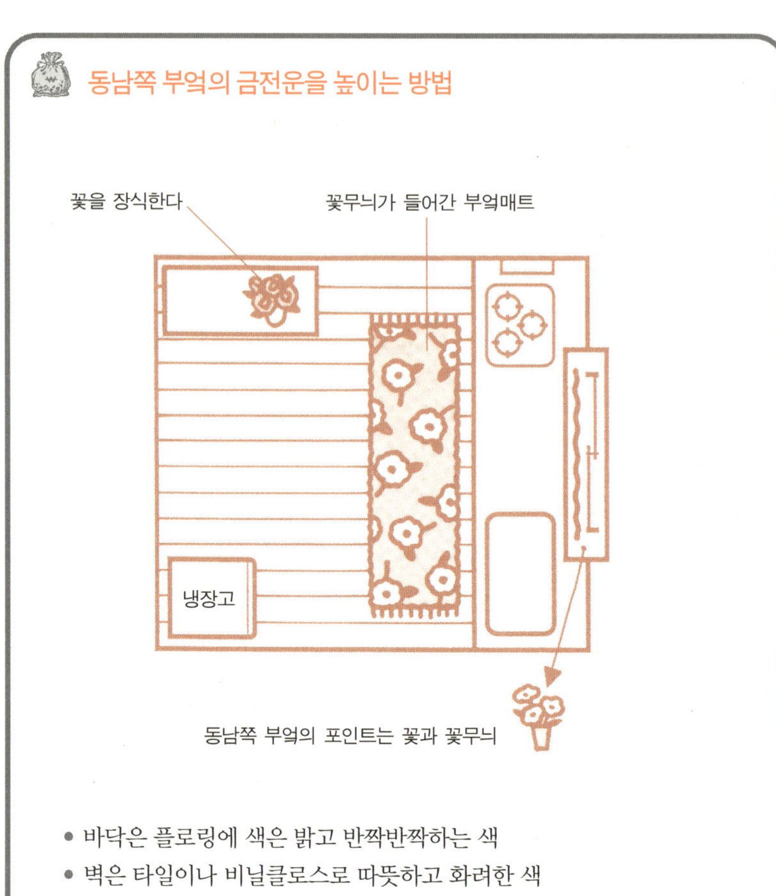

입니다. 부엌세트의 문은 엷은 오렌지색이나 나뭇결이 아름답게 나와 있는 거울 면과 같이 완성처리한 것이 좋습니다. 환풍기는 기름때를 청소하기 쉬운 것을 사용합니다.

좋지 않은 풍수 인테리어　　　모처럼 동남쪽 부엌인데 창문이 없다든가, 있더라도 햇빛도 바람도 들어오지 않고, 사우선상에 싱크대나 가스렌지·개수구나 수납공간과 부엌문이 있거나, 지저분한 쓰레기를 언제까지나 담아두면 금전운은 마이너스입니다. 곧 청소하시고 환풍기의 기름때도 제거하십시오.

풍수로 부자되는 인테리어 꾸미기　　　나뭇결이나 소박한 자연소재를 살린 가구나 부엌용품이 좋겠지요. 빨강·초록·베이지색·오렌지색에 노랑을 더한 색을 살려주십시오. 동남쪽의 부엌에는 꽃병의 소품이나 꽃을 빠뜨리지 마십시오. 그리고 나쁜 냄새가 없도록 하여 금전운을 높이십시오.

개방적인 인테리어가 최고인 동남쪽의 식당

두 방향에 창이 있으면 더욱 좋다

좋은 풍수 인테리어　　　겨울에 따뜻하고 여름에는 시원한 바람이 들어오고, 휴일 등에 아침 햇살을 받으며 가족이 모여 식사를 하면 파워도 올라갑니다. 두 방향으로 창문이 있으면 더욱 금전운이 높아집니다. 커튼은 스트라이프가 좋습니다.

동남쪽의 식당은 밝고 넓으며 개방적으로 바깥쪽과 일체감이 있는 인테리어가 좋습니다. 그리고 바닥은 플로링으로 장식하고, 벽과 천장의 일부를 나무로 하여 밝고 통풍이 잘 되면 금전운은 상쾌한 바람에 실려 들어옵니다.

풍수로 부자되는 인테리어 꾸미기　동남쪽에 식당이 있지만 유감스럽게도 넓지 않고, 창문도 없는 경우라면 좀처럼 동남쪽의 파워가 살아나지 못합니다. 좁더라도 남쪽에 정원이나 베란다가 있고 그것을 바라보면서 식사를 할 수 있다면 돈을 불러들이는 식당이 될 수 있습니다. 그리고 인테리어는 계절감이 있게 하십시오. 여름과 겨울로 커튼을 교체한다든지 런천매트나 커튼은 노랑이나 하양이 들어간 꽃무늬로 하면 됩니다.

테이블 위에는 과일 디자인의 소품이나 도자기를 놓고, TV · 오디오 · 전화를 둔다면 방의 동쪽에 두십시오. 그리고 청소를 하여 청결을 유지하는 것이 제일 중요하며, 특히 바닥이 더러우면 안 됩니다.

5 남쪽에 커다란 창이 있으면 좋은 동남쪽의 거실
정원이나 베란다에 수목이나 분홍 · 노랑 · 하양의 꽃을 둔다

좋은 풍수 인테리어　넓고 남쪽으로 향한 커다란 창이 있어 통풍이 좋고 정원이나 베란다의 초목을 바라보면서 편히 지낼 수 있는 공

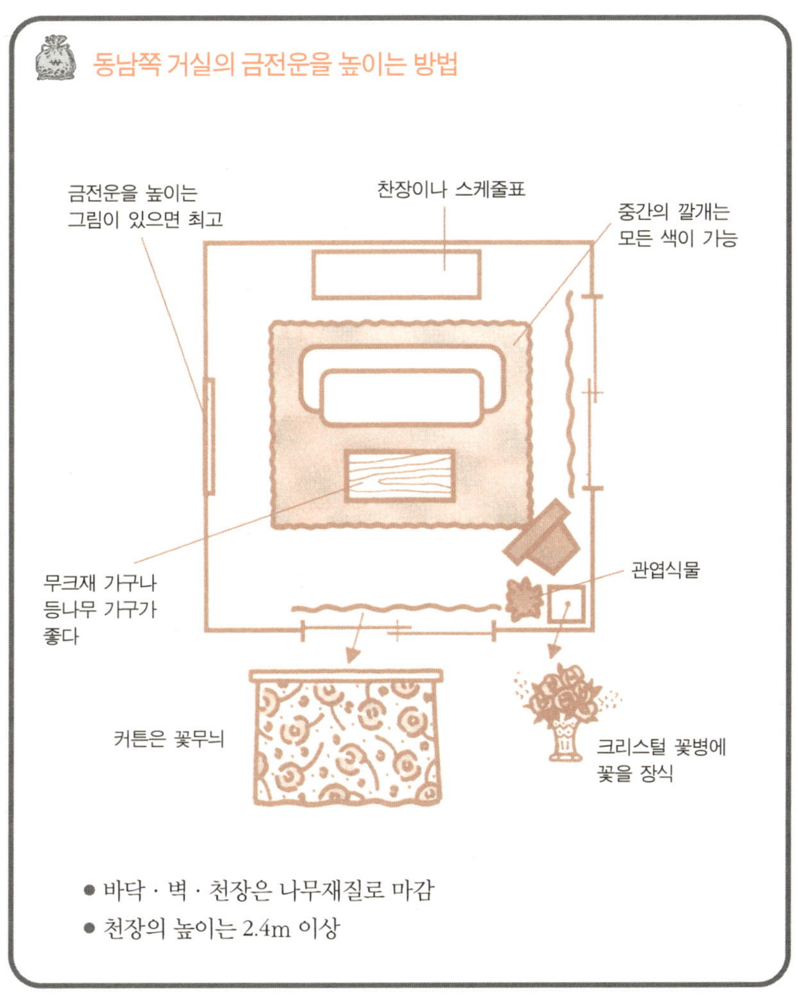

간이면 더없이 좋습니다. 천장 높이가 2.4m 이상이고, 바닥 · 벽 · 천장 등이 나무재질로 마감이 되어 있거나 클로스라면, 벽과 천장의 색이 따뜻한 색 계열이나 추운 색 계열 모두 좋습니다. 어쨌든 넉넉한

거실이라면 모두 합격입니다.

온돌식의 경우도 충분히 금전운을 높여주는 방 배치입니다. 가구 등도 무크재질에 미닫이가 있는 툇마루를 붙이면 더욱 좋습니다.

풍수로 부자되는 인테리어 꾸미기　동남쪽의 거실로써 천장도 낮고, 통풍과 채광이 나쁘다면 크리스털 꽃병으로 꽃을 장식하거나, 꽃무늬의 커튼 · 쿠션, 센터깔개의 카펫, 전기스탠드나 봄 풍경의 그림 등과 등가구나 나무재질의 가구를 사용하고, 관엽식물 등을 거실의 동남쪽으로 둡니다. TV · 오디오 등의 전자제품은 동쪽이나 남쪽으로 두십시오. 정원이나 베란다에 수목이나 분홍, 노랑, 하양의 꽃을 놓으면 금전운을 높여줍니다.

인간관계로 인해 지출이 많은 동남쪽의 욕실
분홍 · 파랑 · 하양의 스트라이프나 목재용품을 쓴다

좋은 풍수 인테리어　집의 동남쪽에 위치한 욕실이 넓고 바람이나 빛이 들어오는 창이나 출창이 있다면 꽃이나 식물을 놓아두십시오. 바닥은 타일이나 돌 모두 좋습니다. 벽은 베이지색 계열이나 꽃무늬가 있는 타일 · 합판 등으로 장식하고, 천장에는 곰팡이를 방지할 수 있게 처리된 노송나무 합판을 쓰는 것이 좋습니다. 욕조도 나무를 사용한 욕실이 최고입니다.

커다란 거울이 있고, 수도꼭지나 거울은 항상 반짝반짝하게 닦아야 합니다. 조명기구는 세로로 길이가 긴 것이 금전운을 높여줍니다. 조금 밝은 것으로 디자인하십시오.

풍수로 부자되는 인테리어 꾸미기　동남쪽의 욕실에 빛과 바람이 들어오지 않고, 내부 장식이 되어있지 않으면 철저하게 청소하고 꽃을 욕실에 장식하세요. 환풍기의 더러움도 금전운을 나쁘게 하는 원인이 되기 때문에 항상 깨끗하게 닦아야 합니다. 그리고 1층 건물이라면 욕실 밖에, 맨션이라면 세면대나 부엌에 노랑·하양·빨강·오렌지색의 작은 꽃이나 나무화분을 두십시오.

인간관계에 있어 지출이 많다면 분홍·파랑과 하양의 스트라이프 용품과 목재의 목욕용품을 사용합니다.

어두운 색조가 금전운에 나쁜 동남쪽의 세면대

향기가 좋은 비누나 유리 그릇이 풍수에 좋은 용품이다

좋은 풍수 인테리어　넓어야(3.3평방미터 이상) 좋지만, 작더라도 창문이 있어 통풍이 좋으며 밝은 동남쪽의 세면대로써 바닥은 청결하고 청소하기가 편한 비닐시트가 깔려 있는 것이 좋은 풍수의 모습입니다. 색상은 따뜻한 색·차가운 색 어느 쪽이라도 상관없지만, 벽이나 천장의 내장보다 밝은 세면대에 커다란 거울과 조명이 있다면 금전운을 높여주는 포인트를 충분히 살려낸 것입니다.

풍수로 부자되는 인테리어 꾸미기　너무 어두운 색조는 금전운을 높이는 데 좋지 않습니다. 또 동남쪽의 세면대가 작고 어두워서 눅눅한 경우에는 환기를 충분히 하십시오. 창이 없는 경우에는 환풍기를 달아 강제로라도 환기를 시키십시오.

화장대는 크림색 계열이나 나뭇결 마무리의 밝은 것이 최고입니다. 세면기는 하양이라면 무난하며, 분홍과 하양과 노랑의 꽃, 꽃무늬 용품이나 그림을 장식하면 됩니다. 또 향기가 좋은 비누나 유리그릇도 아주 좋은 풍수용품입니다.

좋은 향기가 중요한 동남쪽의 화장실
사우선상에 변기가 있으면 소금담기를 한다

좋은 풍수 인테리어　선반을 달아 도자기와 같은 물건이나 크리스털 꽃병 등을 두는 공간을 만들고, 바닥소재는 비닐시트·플로링·코르크·자기타일로 장식합니다. 벽과 천장은 타일이나 비닐클로스로를 사용하며, 색상은 풀꽃색이나 따뜻한 색 계열이 좋습니다.

따뜻한 색 계열의 꽃무늬나 스트라이프를 사용하고 변기색은 검정 이
외의 색이라면 그런대로 금전운이 하락하는 것을 막을 수 있습니다.

풍수로 부자되는 인테리어 꾸미기　창이 없고 깨끗하지 않은 화장
실이나 창이 있더라도 채광과 통풍이 나쁘다면 엷은 보라색의 꽃이
나 소품을 사용하십시오. 좋은 향기가 은은하게 나는 것이 중요합니
다. 그리고 수건이나 매트, 변기커버, 슬리퍼 등은 꽃무늬가 있는 따
뜻한 계열의 엷은 색이 좋겠지요. 조명도 밝게 합니다. 사우선상에
변기가 있으면 금전운이 하락하기 때문에 소금담기를 하고, 부지런
히 청소를 하면 동남쪽의 화장실에서 금전운이 다시 축적됩니다.
　청소도구를 아무렇게나 내버려두면 금전운도 하락합니다. 크리스
털이나 유리 꽃병에 엷은 보라색·분홍·하양·노랑의 꽃을 꽃거나
그림을 장식해도 좋겠지요.

따뜻한 색의 인테리어가 좋은 동남쪽의 침실

채광, 통풍이 나쁘면 꽃이나 노랑이 들어간 꽃무늬를 장식한다

좋은 풍수 인테리어　마루는 온돌이나 플로링이나 모두 좋습니
다. 벽과 천장은 합판으로 하고, 만약 클로스라면 따뜻한 색 계열이
좋습니다. 창이 2개가 있고, 조명도 벽과 천장에 하나씩 달려있는 내

부 장식에 인테리어가 따뜻한 색 계열이라면 더없이 좋습니다. 또한 엷은 느낌의 색상이라면 누가 사용해도 금전운이 나쁘지 않습니다.

아침에 일어나면 창을 열어 반드시 환기시키십시오. 아무쪼록 좋은 풍수의 모습이므로 가구를 파랑이나 초록, 흑백의 모노톤으로 통일하는 것은 피하십시오.

풍수로 부자되는 인테리어 꾸미기　동남쪽에 침실이 있더라도 태양과 통풍의 혜택을 받지 못한다면 침대나 서랍 등을 무크재의 것으로 하여 침실에 꽃을 장식하든가 커튼 · 베개커버 · 침대커버 · 슬리퍼의 소품까지 노랑이 들어간 꽃무늬를 사용하면 금전운이 높아집니다. TV나 오디오를 둔다면 곁에는 관엽식물을 두고 노랑의 리본을 달아주십시오. 가구는 밝은 느낌의 것이 좋습니다. 또 유리나 스테인리스 물건은 반질반질하게 손질하고 스탠드와 수첩, 크리스털의 물건들은 방의 동남쪽에 두면 됩니다. 그림을 장식한다면 노랑과 하양, 분홍이 들어간 꽃 그리고 봄이나 여름 풍경이 좋겠지요.

10 장녀에게 금전운이 좋은 동남쪽의 아이 방

아침에 일찍 일어나면 반드시 창을 열고, 노란 꽃을 장식한다

좋은 풍수 인테리어　동남쪽은 '장녀'를 나타내는 방위입니다.

Dr. 고바의 집은 동남쪽을 장녀의 방으로 하여 아이의 운을 상승시키면서 더불어 집안 전체의 금전운도 올라가게 하였습니다.

바닥·벽·천장의 소재는 모두 무엇을 사용해도 상관없지만 Dr. 고바의 집을 예로 들어 좋은 풍수를 설명하겠습니다.

Dr. 고바의 집은 바닥을 플로링으로 노송나무의 마루판에 분홍의 페인트를 칠한 것입니다. 아랫벽과 방의 문도 역시 분홍입니다. 벽과 천장은 옅은 크림색이며, 남쪽과 동남쪽에 있는 창문의 커튼은 분홍과 페퍼민트그린의 꽃무늬가 들어간 것을 장식하였습니다.

조명은 천장과 동남쪽에 스탠드로 처리하고, 그 옆에 관엽식물을 놓아두었고, 침대 등의 가구는 무크재로써 나뭇결로 마무리 처리한 것입니다.

그리고 금전운을 높이기 위해 베란다에는 분홍이나 빨강, 노랑의 꽃을 꽂아 놓습니다. 오전의 햇빛과 상쾌한 바람이 들어오는 좋은 방이라 꼭 아이의 신체에 좋은 인연과 금전운이 머물겠지요.

카펫은 초록·아이보리색 계열이며, 벽이나 천장에 합판을 붙이고 클로스, 비닐클로스, 페인트칠 등으로 되어 있으면 당신의 아이 방역시 안심해도 좋습니다.

풍수로 부자되는 인테리어 꾸미기　　동남쪽의 아이 방이라도 햇빛과 바람이 들어오지 않는다면 커튼이나 블라인드는 남자아이의 경우 초록이나 하양의 세로줄이 들어간 스트라이프를 사용하고, 여자아이라면 분홍이나 초록의 꽃무늬가 좋습니다. 침대커버나 슬리퍼 등도 그린이나 아이보리색 계열 · 분홍 · 오렌지색 등으로 하며, 되도록이면 나무로 된 가구를 사용하도록 합니다. 그리고 아이들의 방에 인형이 많이 있으면 항상 깨끗하게 잘 정리하십시오.

노랑이 들어간 꽃을 장식한다든가 관엽식물을 스탠드와 함께 두십시오. 책상은 동향이나 북향으로 합니다. 그리고 아침에 일어나면 반드시 창문을 열게 하십시오.

폭이 넓고 천장이 높으면 최고인 동남쪽의 복도

금전운을 높이려면 노란 리본을 달고 플랜터스틱을 관엽식물로 한다

좋은 풍수 인테리어　　동남쪽의 복도는 폭이 넓고 천장이 높으면 최고입니다. 그렇지 않더라도 조명이 밝고 흐트러진 분위기가 없고 악취가 없으면 됩니다. 좋은 풍수를 원한다면 조금 화려한 조명기구를 달거나 밝은 도장의 내장재를 사용하면 됩니다. 동남쪽에는 나무나 나뭇결, 꽃이나 식물이 잘 어울리므로 내장은 나무재질로 하는 것이 좋습니다.

풍수로 부자되는 인테리어 꾸미기　　벽에 꽃을 장식하는 공간을 만들거나 꽃무늬의 띠벽지를 붙이는 것도 좋겠지요. 꽃 그림이나 우편

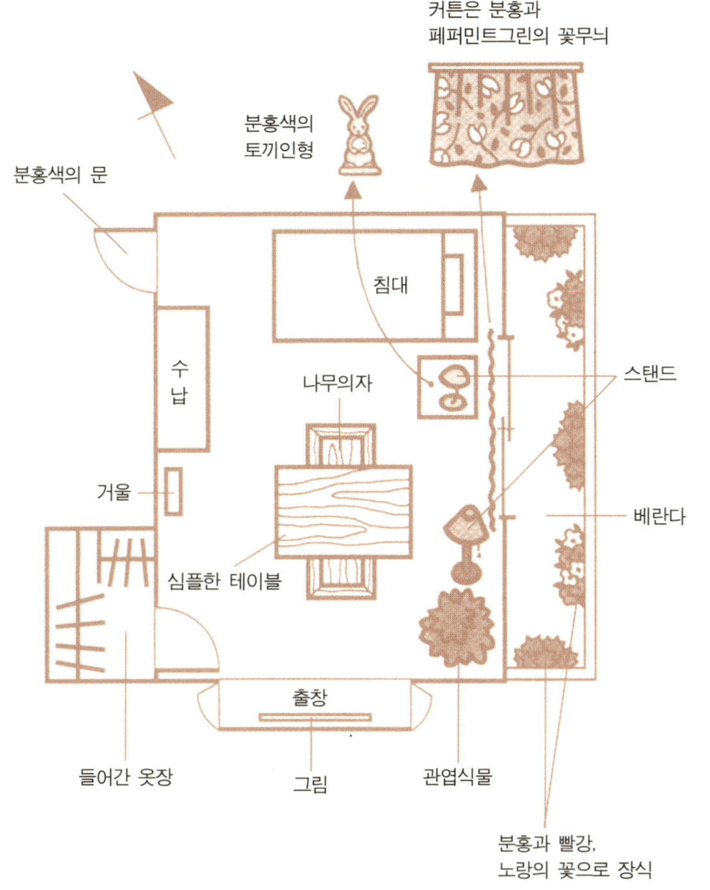

- 바닥은 분홍색의 노송나무
- 아랫벽은 분홍
- 벽 · 천장은 엷은 크림색

엽서, 꽃이 꽂아져 있는 액자를 장식하는 것도 좋습니다. 특히 동남쪽에서 오는 금전운은 좋은 향기에 끌려오므로 오데코롱이나 향수를 꽃 옆에 놓아두거나 그림에 가볍게 뿌려서 향기를 더하십시오. 그리고 커튼을 달아 작은 창문이 있는 것처럼 보이는 것도 좋습니다.

계절감을 중요하게 하고 싶으면 계절감이 있는 꽃이나 꽃 그림을 장식해두면 됩니다. 금전운을 점차로 불러들이기 위해서는 노란 리본을 달아 두거나 플랜터스틱(화단용화분)을 장식하는 것을 잊지 마세요. 금전운은 악취를 싫어하므로 악취가 나는 쓰레기통을 동남쪽의 복도에 두는 것은 좋지 않습니다.

밝은 인테리어로 파워를 높여주는 동남쪽의 수납
바람 · 향기 · 나무 · 꽃을 이미지로 하는 것이나 긴 것을 수납한다

좋은 풍수 인테리어   동남쪽에 수납이 있으면 동남쪽으로부터 빛이나 바람이 들어오지 않습니다. 동남쪽에서 상쾌한 바람이 들어오면 그만큼 좋은 인간관계를 맺고 돈이 궁하지 않는데, 이곳에 수납공간이 있어 빛과 바람을 막기 때문에 약간은 유감스럽군요. 반드시 나쁜 풍수라고는 할 수 없지만, 내부 장식에서 빛의 파워를 만들어내야 합니다.

동남쪽에는 검정 이외의 색이라면 비교적 어떤 색상을 사용해도 좋고 스트라이프나 꽃무늬, 나뭇결과 서로 잘 어울리므로 이것을 내부 장식에 이용한다면 좋겠지요. 밝은 분위기가 동남쪽의 파워를 높여줍니다.

풍수로 부자되는 인테리어 꾸미기　바람·향기·나무·꽃을 이미지로 하는 것이나 긴 물건을 수납하는 것이 좋습니다. 바람을 이미지로 하는 선풍기·부채 등이나 향기 이미지가 나는 향수나 샤워코롱, 화장품 등도 좋겠지요.

꽃무늬의 슬리퍼나 페브릭이 있다면 여기에 침대나 스카프 등도 좋고, 긴 물건이라면 등나무로 짠 바구니 등도 괜찮습니다. 그 외에 스포츠용품도 좋습니다. 그리고 인간관계를 좋게 하고 싶다면 빨강, 분홍, 노랑, 하양이나 파랑의 4가지 색을 사용해보십시오.

만약 북서쪽에 현관이 있고 '럭키 존'상의 동남쪽으로 수납이 있다면 여기에서는 동남쪽과 잘 어울리는 색상을 더해 북서쪽과 풍수적으로 좋은 부모로부터 받은 물건이나 초록이나 베이지색의 물건을 수납해두면 좋겠지요.

8장 집의 남쪽에서 돈을 불러들인다

남쪽은 인기와 재능으로 승부를 하여 금전운을 높여주는 중요한 공간이다. 복권이나 현상금, 재테크에 필요한 파워는 남쪽 방의 인테리어로 점차 좋아진다.

재능으로 막대한 수입을 얻는 남쪽의 현관

좁으면 벽에 두 마리의 말 그림이나 사진, 작은 수반을 2개 이상 놓는다

좋은 풍수 인테리어   남쪽 현관은 공간을 넓게 하고 남쪽의 정중앙선상에 현관문이 오지 않도록 합니다. 또 문이 달린 표시가 바깥에서 보아 왼쪽으로 되어 있고, 문이나 포치를 밝게 비추고, 현관의 입구는 초록 계열이나 베이지색 또는 옅은 회색으로 합니다.

현관홀의 바닥은 플로링, 벽이나 천장도 페퍼민트그린이나 베이지색 등이 금전운과 잘 어울립니다. 중후한 감이 있는 소재로 세련되게 통일시켜 보세요. 현관 포치에 1개의 기둥이나 조명을 달고, 창으로

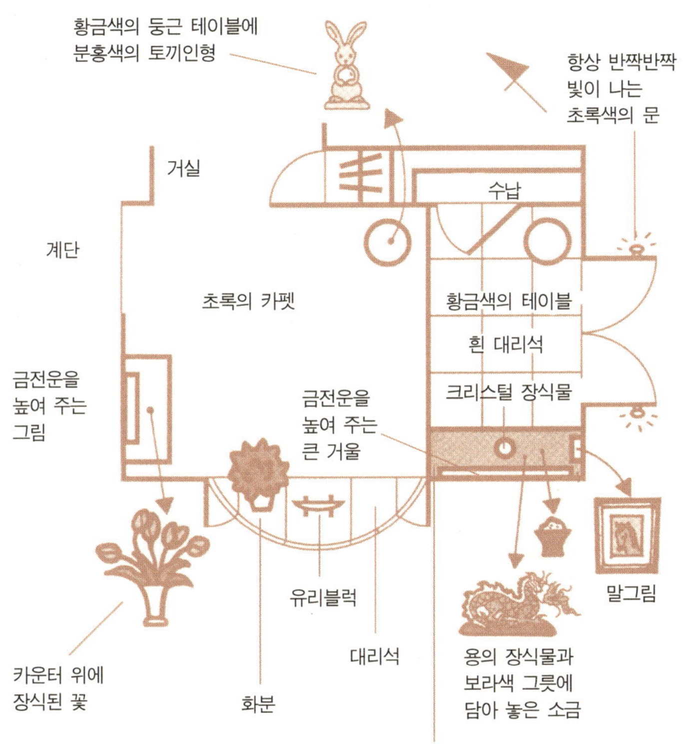

● 벽 · 천장은 오렌지색의 이태리 대리석

햇빛이 들어오면 재능으로 막대한 수입을 얻을 것입니다.

풍수로 부자되는 인테리어 꾸미기　남쪽은 물과 풍수적으로 좋지 않은 방위이기 때문에 정수기나 어항 등이 현관에 놓여 있다든가, 집 밖의 수도관이 정남쪽에 설치되어 있다든가, 약간 어두우면 플로어 스탠드나 1개의 관엽식물을 놓아둡니다.

그리고 장식물이나 그림 등을 장식했다면 스포트라이트를 비춰주는 것이 좋습니다. 아니면 말의 장식물을 하나 놓아도 좋습니다. 현관문의 손잡이는 항상 반짝반짝하게 하고, 입구는 미색의 돌로 장식하십시오. 좁은 현관이라면 현관벽에 두 마리의 말 그림이나 사진을 장식하고, 작은 화분을 2개 이상 놓아두면 금전운이 크게 좋아집니다.

소박하고 밝아야 금전운이 좋은 남쪽의 계단

문제가 끊이지 않는다면 식물을 계단의 중간층에 놓아둔다

좋은 풍수 인테리어　금전운이 높아지는 남쪽의 계단은 소박하면서도 밝은 것이 좋습니다. 따라서 전체적으로 밝은 색을 쓰거나 황금색과 은빛처럼 반짝반짝 빛나는 소재를 사용합니다. 이때 계단의 바닥은 나무나 카펫으로 하고, 난간은 밝은 색이나 황금색을 쓰면 좋습니다. 밝고 상쾌한 바람이 들어오는 창이 있으면 더욱 좋습니다.

풍수로 부자되는 인테리어 꾸미기 남쪽의 거실이나 현관에서 바람이 불어오는 계단은 남쪽의 기가 흩어지고 재능을 발휘할 수 없게 만듭니다. 더욱이 계단이 완전히 남쪽에 있으면서 남쪽에 큰 창을 만들지 않으면 승부운이 없는 집이 되고 맙니다.

또한 남쪽의 정중앙선에 계단이 있거나 남쪽에서 큰 바람이 불어오면 사기 사건이나 시비와 다툼이 끊이지 않게 됩니다.

이러한 조건에서 좋은 풍수를 하려면 우선 식물을 계단 중간층에 장식하고, 창이 있는 경우 순백색의 레이스가 달린 커튼을 달아야 합니다. 하지만 창문이 없어 어둡다면 둥근 전구가 2개 있는 조명기구를 설치하면 됩니다.

그리고 벽에는 숲의 그림과 반짝반짝하는 스테인리스나 은으로 된 장식물을 마주보게 장식하고 그 위에 달력을 걸어두면 됩니다.

3 창문이 없으면 금전운이 나빠지는 남쪽의 부엌
항상 싱크대나 가스렌지를 반짝반짝하게 한다

좋은 풍수 인테리어 바닥이 비닐시트라면 하양이나 초록 계열이 좋고, 플로링이어도 상관 없습니다. 타일은 하양이나 오렌지색, 천장과 벽은 하양이나 베이지색 계열 또는 옅은 초록이 좋습니다.

시스템부엌은 남쪽의 정중앙선상에 싱크대나 가스렌지를 놓지 않고, 작업대는 스테인리스제의 화려한 초록, 문짝은 오렌지색 계통이 좋겠지요. 매끈하게 마무리한다면 금전운의 파워도 높아집니다.

좋지 않은 풍수 인테리어　　가스렌지나 싱크대 등이 남쪽의 정중앙선에 걸쳐있거나 채광창이 없는 남쪽 부엌은 금전운에 큰 결함이 있어 재테크나 주식 등으로 실패하거나 보석이나 그림으로 가계에 큰 손해가 되는 일이 있습니다.

풍수로 부자되는 인테리어 꾸미기　　금전운을 높이도록 개선하는 방법은 우선 반짝반짝 윤이 나게 싱크대나 가스렌지를 닦으십시오. 그리고 조명은 밝게 하고 관엽식물을 두 그루 놓으십시오. 부엌용품은 오렌지색이나 하양, 노랑으로 합니다. 또 스테인리스제의 그릇이나 냄비 등을 반짝반짝하게 닦아두면 금전운이 열립니다. 벽에는 황금색 액자로 노랑과 빨강의 작은 꽃 그림 등을 장식하십시오.

커다란 화분을 남쪽에 두면 좋은 남쪽의 식당

커튼은 초록이나 오렌지색이 들어간 것을 단다

좋은 풍수 인테리어　　온돌식이라면 툇마루 등을 남쪽으로 배치하여 미닫이를 달아 빛을 잘 조절하십시오. 색상은 초록색이 좋습니다.

서양식에서는 창이 크고 천장이 2.5m 이상이며, 바닥은 어두운 톤의 플로링 · 비닐시트로 하는 것이 좋습니다. 또 카펫은 베이지색 계열이나 초록 계열, 벽이나 천장은 하양 · 페퍼민트그린 · 옅은 파랑 등 차가운 색 계열이라면 금전운에 걱정이 없습니다.

풍수로 부자되는 인테리어 꾸미기　좁거나 햇빛과 바람이 들어오는 창이 없으면 남쪽에 큰 관엽식물을 한 그루 놓습니다. 커튼은 초록이나 오렌지색이 들어있는 것을 사용하고, TV는 남쪽이나 동쪽에 놓고, 런천매트나 벽에 걸린 그림에는 포인트로 빨강 등의 화려한 색을 사용하는 것이 필요합니다. 조명은 천장뿐만 아니라 두 곳에 달고, 등나무나 무크재의 가구를 장식하십시오. 식탁에는 작은 관엽식물을 올려놓고, 북쪽 벽에는 식기장을 놓고 하양의 식기를 넣게 되면 재능을 상승시켜 금전운을 높여줄 것입니다.

햇빛이 들어오면 재능이 발휘되는 남쪽의 거실

커튼에 소박한 색이나 초록 · 오렌지색이 들어가면 재능을 발휘한다

좋은 풍수 인테리어　남쪽의 거실은 햇빛이 눈부시게 들어오면 그것으로 최고입니다. 온돌식이나 서양식이나 남쪽에 커다란 창이 있고 천장이 높으며 넓은 것이 이상적입니다. 햇빛이 강하므로 온돌

바닥이 타거나 무크재의 경우 플로링이 망가지는 일도 있지만, 바닥은 짙은 색의 도장으로 광택을 없애거나 나뭇결 마무리의 플로링 또는 베이지색 계열이나 초록 계열의 카펫을 깔고, 천장이나 벽은 옅은 초록이나 하양·베이지색으로, 커튼도 소박한 색상이나 초록 계열이나 오렌지색이 들어가면 재능이 발휘되는 거실 공간이 됩니다.

풍수로 부자되는 인테리어 꾸미기　남쪽이라도 햇빛이 들지 않는 거실은 무크재의 테이블로 하고 센터깔개 등의 카펫은 초록 계열로 해주십시오. 가구는 가벼운 색의 무크재나 하양이 좋고, 등가구나 스테인리스제 가구도 좋겠지요. 인테리어 색상은 차가운 색 계열에 오렌지나 빨강의 포인트를 넣은 것이 적절합니다.

창문 부근에는 관엽식물이나 스탠드를 놓고 남국의 정취가 느껴지는 그림이나 여름 그림, 천으로 된 소파나 가구, 추억의 사진과 인형 등을 장식하십시오. 온돌식은 식물을 남쪽에 놓고 차가운 색 계열의 페브릭으로 방을 정리하면 재능이 금전운으로 변합니다.

큰돈이 지출되기 쉬운 남쪽의 욕실
사용 후 욕조의 더러운 물은 반드시 버린다

좋은 풍수 인테리어　남쪽의 욕실로써 정중앙선상에 욕조나 욕실

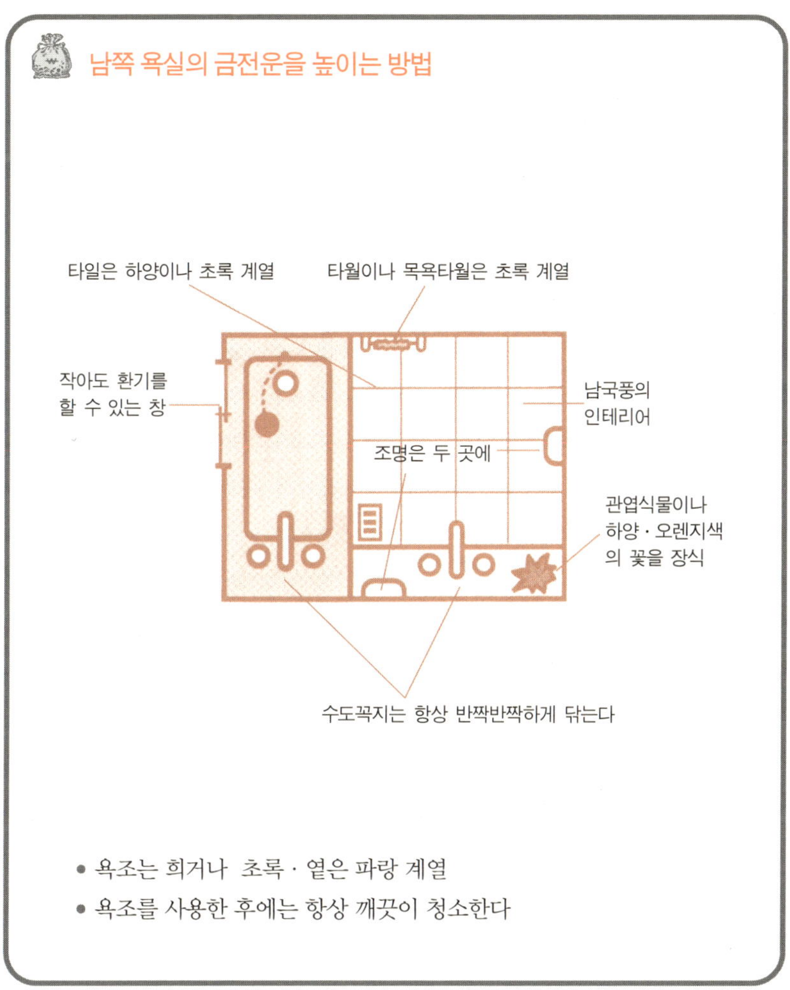

- 욕조는 희거나 초록·옅은 파랑 계열
- 욕조를 사용한 후에는 항상 깨끗이 청소한다

보일러가 없어야 합니다. 타일은 희거나 초록 계열, 욕조는 희거나 초록 계열 또는 옅은 파랑 계열이 좋습니다. 또 작아도 환기를 할 수 있는 창이 필요하고, 조명은 두 곳으로 합니다. 사용 후에는 반드시 욕조의 더러운 물을 버리십시오.

좋지 않은 풍수 인테리어　정중앙선상에 욕조나 욕실보일러가 있으면 이혼문제나 계약에 말썽이 생겨 큰 지출의 원인이 됩니다.

풍수로 부자되는 인테리어 꾸미기　욕조나 보일러가 정남쪽에 있으면 꼭 욕조의 더러운 물을 비우고 주무십시오. 그리고 반드시 관엽식물이나 하양 또는 오렌지색의 꽃을 놓아두세요. 남국풍의 인테리어로 하고, 수건이나 목욕수건은 초록 계열을 사용하십시오. 또 욕조를 말끔히 청소하고 수도꼭지 등을 항상 반짝반짝하게 하여 헛된 분쟁에 의한 지출을 막으십시오.

환기와 통풍이 잘 돼야 좋은 남쪽의 세면대
매트나 수건 등은 노랑 · 빨강 · 하양 · 초록 계열을 사용한다

좋은 풍수 인테리어　남쪽의 세면대는 창문이 있고, 바닥 · 벽 · 천장은 타일과 비닐시트, 비닐클로스 등으로써 색상은 엷은 파랑 계열이나 초록 계열 또는 하양으로 합니다. 세면대 · 세척기 등도 같은 색으로 하거나 오렌지색 · 노랑으로 하면 됩니다. 또 세면기나 화장대 카운터는 돌을 소재로 사용하고, 남쪽의 정중앙선상이 되지 않게 주의해야 합니다. 그리고 세면대는 2개인 것이 좋고, 조명도 천장에 2개를 달아 놓도록 합니다. 마지막으로 수도꼭지나 수건걸이 등은 반짝반짝하게 금도금을 해둡니다.

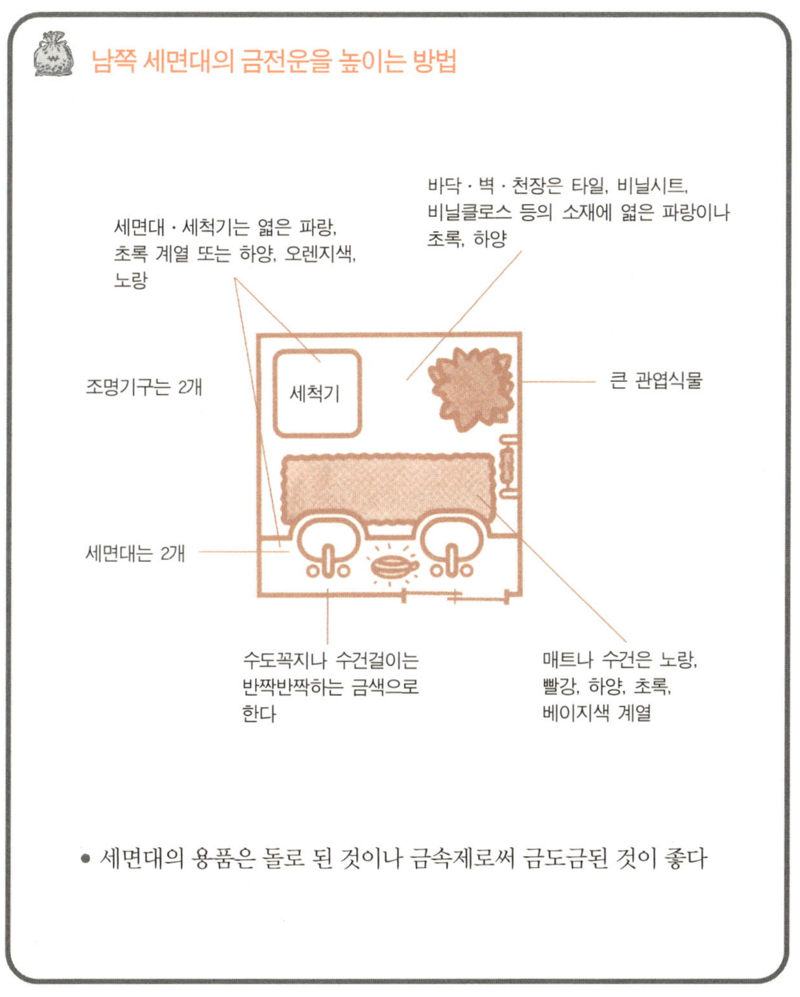

  창문이 없는 세면대는 항상 청소를 깨끗이 하고 환기와 통풍이 잘 되도록 주의하십시오. 매트나 수건 등은 노랑 · 빨강 · 하양 · 초록 · 베이지색 계열로 합니다. 그리고 커다란 관엽식물을 세면대 옆에 두고, 비누를 넣는 용기 등의 세면대 용품은 금속제로 합니다.

특히 금도금을 한 것이나 스테인리스제의 것을 항상 반짝반짝하게 닦아 두십시오. 조명기구는 밝기보다도 디자인 감각이 좋은 제품을 선택하여 2개를 달도록 합니다.

금전운에 그다지 좋지 않은 남쪽의 화장실

환기와 통풍을 좋게 하고 매일 말끔히 청소하고 소금담기를 한다

좋은 풍수 인테리어 남쪽의 화장실은 그다지 금전운에 좋지 않다고 하지만 변기가 남쪽의 정중앙선상에 오지 않고, 창문이 작아도 환기가 충분히 되며, 변기가 하양 · 노랑 · 초록으로, 바닥 · 천장 · 벽은 비닐시트나 타일, 클로스로 장식이 되어 있다면 그런대로 괜찮습니다. 그리고 색은 베이지색이나 아이보리색, 초록 계열이나 오렌지색 계열이 좋습니다.

좋지 않은 풍수 인테리어 남쪽에 화장실이 있고, 특히 정중앙선

166

상에 변기가 있고 창문이 없으며, 내부 장식이 앞서 설명한 좋은 풍
수 인테리어와 같지 않다면 스트레스로 인해 짜증이 나고 성격이 다
혈질로 괴팍한 타입의 사람이 됩니다.

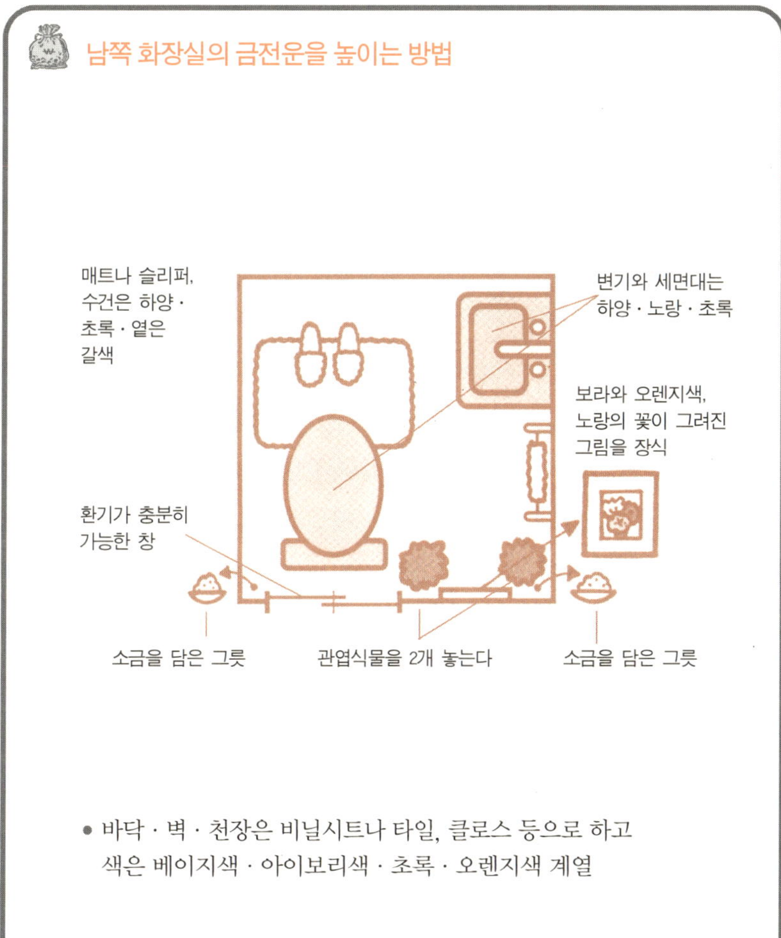

 자율신경실조증이나 불면증이 원인으로 지출이 많으면 변기커버나 매트, 슬리퍼 등을 하양·초록·옅은 갈색으로 하고 관엽식물을 두 그루 화장실 안에 두고, 갈색 꽃이나 오렌지색, 노랑의 꽃 그림을 장식하십시오. 어떻게든 환기와 통풍을 좋게 하며 매일 말끔히 청소를 하고 소금담기를 한다면 금전운을 높일 수 있습니다.

기술이나 재능을 살려 성공할 수 있는 남쪽의 침실

기술 계통이나 재능을 살리는 직업에서 성공할 수 있는 침실이다

좋은 풍수 인테리어 기술계나 재능을 살리는 직업, 예를 들어 작가, TV나 방송업계, 출판업이나 컴퓨터관련 직업 등에서 성공하는 사람이 많습니다.

정원이나 베란다가 집의 남쪽에 있고 천장 높이가 2.5m 이상이 좋으며, 공간이 넓은 남쪽 침실은 커다란 창을 덧문이나 커튼 등으로 완전히 차광할 수 있는 것이 필요합니다. 그리고 북쪽에 바람이 빠질 만한 문이나 작은 창이 있다면 수면을 충분히 취할 수 있으므로 재능을 더욱 살려줍니다.

바닥·벽·천장은 하양이나 옅은 파랑, 옅은 초록이나 베이지색 계열로 하고, 소재는 되도록이면 자연스러운 것을 사용합니다. 가구는 고풍스럽고 중후한 것이나 아메리칸풍의 참신한 것도 괜찮습니다. 또 커튼도 금사가 들어가 있는 것이 좋습니다. 베란다는 정원처럼 꾸민 것이 최고이며, 꽃은 오렌지색·하양·노랑 그리고 빨강이 조금 들어간 것이 돈을 불러들이는 풍수 인테리어입니다.

풍수로 부자되는 인테리어 꾸미기 남쪽에 창문이 없는 적당한 크기의 남쪽 침실은 커튼이나 카펫, 침대커버 등을 앞에서 설명한 색과 같게 하거나 남쪽이나 햇빛이 들지 않는 창문 양 옆에 황금색 계열의 대에 초록이나 오렌지색, 노랑의 꽃이나 모양이 들어간 갓 스탠드(블라켓도 좋다)를 한 대 놓습니다. 그리고 바다나 호수 그림을 장식합니다. 또 남쪽에 가구를 놓고 보석이나 귀금속을 넣어주면 남쪽의 파워를 크게 상승시켜주며, 북쪽의 수납가구에 간접 조명을 달면 금융 재산을 늘려줍니다.

가구는 앞에서 설명한 것처럼 하고 정원이나 발코니에는 나무화분이나 꽃을 장식하여 꽃이 지닌 재능 상승의 파워를 흡수하십시오.

밝고 통풍이 잘 되면 재능이 커지는 남쪽의 아이 방

옅은 분홍이나 노랑의 소품으로 금전운을 높인다

좋은 풍수 인테리어 남쪽에 있는 아이 방의 바닥은 밝은 색의 플로링으로 합니다. 카펫을 사용하면 초록 계열, 벽이나 천장도 옅은 초록 계열이나 옅은 파랑·하양·베이지색 계열로 합니다. 빨강이나 분홍, 노랑 등의 배색은 피하고 따뜻한 색이라도 되도록 옅은 색을 사용해야 합니다.

벽이나 천장은 보드에 페인트칠을 하거나 벽 자체에 페인트를 칠합니다. 특히 OP(오일 페인트) 마무리나 VP도장 마무리로 하면 더욱 좋습니다.

창은 크게 내고, 밝고 통풍이 좋은 방으로 만들도록 신경을 쓰십시오. 침대커버나 커튼 등도 옅은 초록이나 베이지색 계열이 되면 아이뿐만 아니라 가족 모두의 재능이 좋아지고 금전운에 높아집니다.

풍수로 부자되는 인테리어 꾸미기 햇빛이 들지 않는 남쪽의 아이 방에 화려한 인테리어를 하면 조숙한 아이가 되기 쉽습니다. 하지만 햇빛이 잘 들어 태양의 기(氣)가 지나치게 강하면 밤이 되어도 방에 그 기운이 남아 아이가 차분하게 책상에 앉아 공부하지 않는 경우도 있습니다. 이때는 창 옆에 관엽식물을 놓아두고, 날씨가 좋을 때에는 창을 열고 통풍을 좋게 하십시오. 아이가 학교에 간 동안에는 창을 열어두는 것이 좋겠지요.

책상은 방 북쪽에 북향으로 두고 조명은 밝게 해주십시오. 그리고 옅은 분홍과 노랑의 소품으로 금전운을 높이고, 문 주변을 밝게 비추십시오. 침대는 동향으로 하며, 창의 커튼이나 침대커버 등은 소박한 색상이나 베이지색 계열이 좋습니다.

11 대칭되는 인테리어로 파워가 커지는 남쪽의 복도
폭이 넓고 천장이 높으면 대단히 좋은 풍수다

좋은 풍수 인테리어　조금 폭이 넓고 천장이 높으면 크게 좋은 풍수입니다. 그 위에 조명이 밝으면 말할 것도 없습니다. 벽이나 천장은 하양이나 약간 모험을 한다면 베이지색이나 옅은 초록 계열이 좋고, 바닥에 광택이 없는 어두운 색조의 바닥재를 사용하여 전체적으로 중후한 감이 있는 세련된 분위기로 정리해도 좋겠지요.

풍수로 부자되는 인테리어 꾸미기　남쪽은 대칭이 되는 것과 풍수적으로 좋으므로 조명등도 1개보다 2개가 좋습니다. 벽에 장식하는 그림도 1개보다 2개를 대칭으로 장식하십시오. 그림은 남국 섬의 이미지가 있는 것이나 말의 그림을 걸고, 특히 초록이나 오렌지색 · 하양 · 노랑이 눈에 띄는 그림을 권장합니다.

광택이 있는 금속성도 좋으므로 그림을 장식하는 액자를 황금색이나 은색의 컬러로 해보는 것도 좋겠지요. 또 복도에 난간을 단다면 광택이 있는 것으로 하십시오. 만일 채광과 공기의 흐름이 나쁘다면 보라색 소품이나 꽃을 장식해두면 됩니다.

승부운이 약해지기 쉬운 남쪽의 수납
천으로 만든 주머니에 넣어 수납하면 금전운이 높아진다

좋은 풍수 인테리어　　남쪽에 수납이 있으면 남쪽에서의 햇빛이 차단되므로 당신이 갖는 아름다움이나 재능이 빛을 발하기가 어렵게 됩니다. 또 영감(inspiration)도 그다지 작용하지 않고 현상금이나 복권이 당첨되는 일도 없습니다. 다시 말해 승부운(勝負運)이 약한 것입니다. 재능을 필요로 하는 사람은 이 방위의 수납을 상당히 연구하지 않으면 금전운이 높아지지 않습니다.

내부 장식은 초록 계열이나 하양, 베이지색으로 통일시키십시오. 수납공간의 문고리는 반짝반짝하는 광택이 있는 황금색이나 은색 계열이 좋고, 항상 닦아 반질반질하게 해두십시오. 의복을 두는 방은 조명을 밝게 하고, 남쪽은 반대의 것과 잘 어울리므로 전구가 2개 달린 조명기구나 다운라이트를 2개 달아도 좋습니다. 벽장 등에는 반짝반짝 빛나는 폴(막대)을 달아 옷걸이로 하면 좋겠지요.

풍수로 부자되는 인테리어 꾸미기　　남쪽의 수납공간은 조명기구나 아름답게 빛나는 유리류, 화장품 혹은 하양이나 초록·오렌지색이나 노랑의 것을 수납하여 파워를 높일 필요가 있습니다. 식물이나 광택이 있는 것, 금속성의 것, 책과 안경 그리고 여름 것과도 풍수적으로 잘 어울리므로 이들 이미지의 물건을 놓아두면 좋겠지요. 그리고 추억이 담긴 물건도 남쪽의 파워를 상승시켜줍니다.

또한 남쪽은 천과 잘 어울리므로 천으로 만든 자루에 물건을 수납해두는 것도 좋습니다. 구두나 커프스단추(cuffs button, 셔츠 소매에 다는 단추)·선글라스·안경 등 2개가 한 조로 된 것을 남쪽의 수납공간에 이용하는 것도 훌륭한 아이템입니다.

9장 집의 남서쪽에서 돈을 불러들인다

꾸준히 노력하여 일하고 가정이 충분히 안정되는 것이야말로 금전운을 높이는 조건이다. 남서쪽은 한 가정의 주부가 야무지게 집을 다스려주는 파워가 있다.

햇빛이 너무 많이 들면 좋지 않은 남서쪽의 현관
매일 물걸레질이나 물로 청소를 하고 소금이나 술로 부정을 씻는다

좋은 풍수 인테리어　　남서쪽의 현관은 창문을 작게 하여 서쪽의 햇빛이 너무 많이 들어오지 않도록 하고, 조명은 안팎이 모두 충분히 밝게 해주십시오.

현관의 입구나 포치는 갈색이나 초록 계열의 고상한 타일로 하고, 현관홀의 바닥은 갈색 계열의 카펫으로 장식하는 것이 좋습니다. 그리고 천장도 조금 고상하게 장식하는데, 소재는 클로스나 목재를 사용합니다.

현관문은 밖에서 보아 문을 단 곳이 왼쪽으로 오도록 하고 중후한 디자인의 문을 다는 것이 좋습니다. 커다란 신발장 등이 있어 수납공간이 충분하다면 금전운은 그런대로 괜찮습니다.

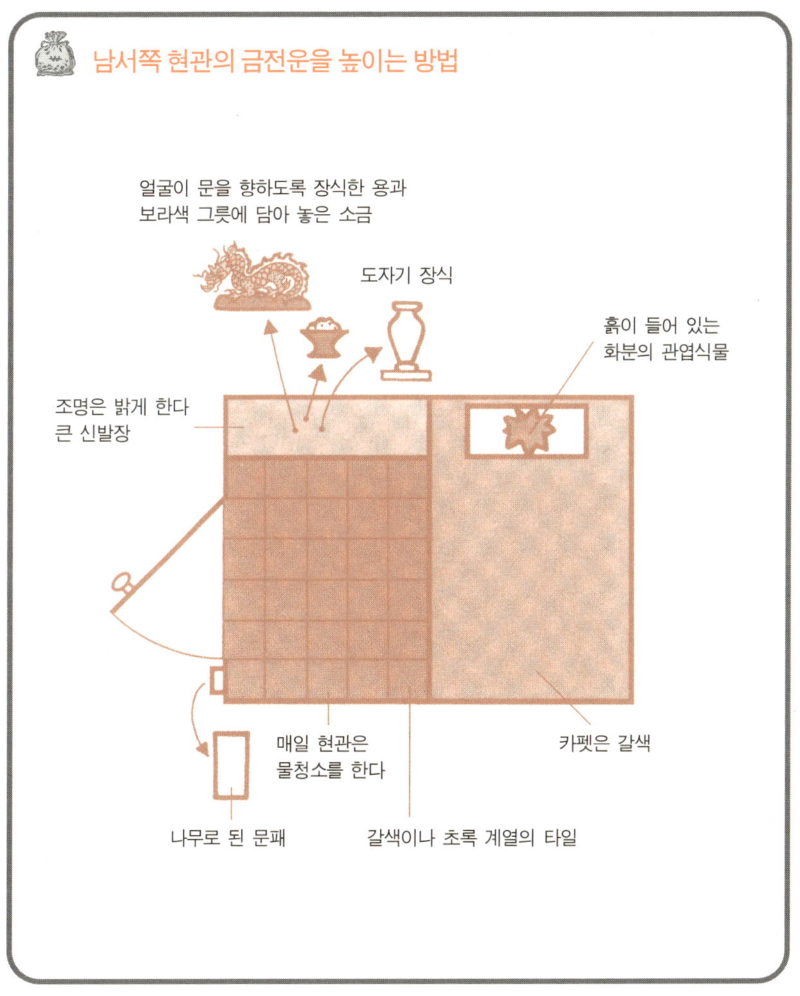

 남서쪽 현관을 늘리거나 줄이거나 하는 것은 금전운적으로 대단히 나쁜 풍수이므로 주의해야 합니다. 또 연못을 만들거나, 툇마루 가까운 뜰에 손 씻는 곳을 만드는 것도 좋지 않습니다. 그리고 남서쪽의 사우선상에 현관문이 있는 현관은 금전운적으로 마이너스적인 결함이 있지만, 사우선상에서 5도 정도 현관문이 벗어나 있는 경우에는 풍수적으로 인테리어 처리를 하면 별다른 문제는 없습니다.

풍수로 부자되는 인테리어 꾸미기 안쪽 귀문(裏鬼門)은 더러움을 싫어하므로 항상 깨끗이 하십시오. 우선 현관입구 즉 매일 신발을 벗어 놓는 곳은 물걸레질이나 물청소를 하고, 소금이나 술로 부정을 씻어냅니다. 문패는 목재에 세로로 새겨 외등 아래에 부착하십시오. 그리고 도자기로 된 물건을 두거나, 흙이 들어간 화분의 관엽식물을 홀에 놓으십시오.

노란 꽃이 가정을 안정시키는 남서쪽의 계단

서쪽의 햇빛이 들어오면 커튼으로 차단한다

좋은 풍수 인테리어 남서쪽을 항상 깨끗이 하여 기(氣)를 집중시켜 놓으면 금전운이 안정되고 좋은 풍수가 되는 방위입니다. 계단은 사람들이 왕래하는 통로이기 때문에 정적이거나 고요하기 어렵고 또한 기(氣)가 산만해집니다.

'게으른 사람을 만드는 계단'으로 만들지 않기 위해서는 계단의 발판을 어두운 색조의 판이나 갈색, 초록 계열의 카펫으로 장식하고, 창이나 천장은 하양 또는 바닥과 같은 계열의 색으로 맞추십시오. 그리고 통풍을 위한 작은 창은 레이스를 달아주며, 조명은 밝게 합니다.

풍수로 부자되는 인테리어 꾸미기　현관문 정면의 직통 계단은 크게 나쁘므로 주의합니다. 정면에 계단이 있고 서쪽에 햇빛이 들어오는 커다란 창이 있는 경우 베이지색 계열의 커튼으로 빛을 가려 주십시오. 만약 창이 없다면 벽에 황금색이나 보라·하양·크림색 등의 꽃을 장식하거나 전원 풍경의 그림을 걸어주십시오. 노란 꽃 등 노랑 계열이라면 가정을 안정시키는 파워가 있습니다.

풍수적으로 좋지 않은 남서쪽의 부엌

서쪽의 햇빛은 황록색의 블라인드나 커튼으로 차광한다

좋은 풍수 인테리어　바닥은 짙은 갈색으로 하고 시스템부엌의 문짝도 갈색 계열로 하여 안정된 색조를 유지하든가, 바닥은 하양이나 초록을 사용하고 시스템부엌의 문은 파랑이나 노랑을 사용하여 박진감 있는 느낌으로 센스있게 인테리어하는 것이 좋습니다. 재질은 내수·내화의 성능이 좋은 것을 사용하고, 부엌문이나 창은 크게 내지 않고 사우선상에 없는 것이 그런대로 금전운을 얻는 조건입니다.

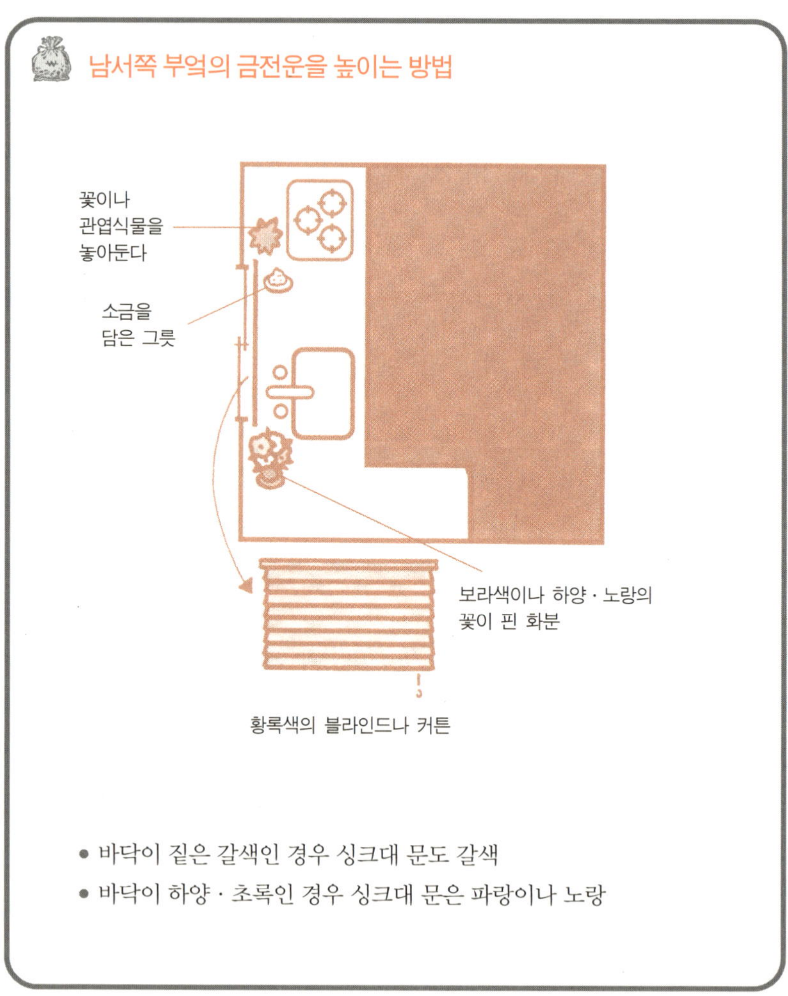

- 바닥이 짙은 갈색인 경우 싱크대 문도 갈색
- 바닥이 하양·초록인 경우 싱크대 문은 파랑이나 노랑

풍수로 부자되는 인테리어 꾸미기　사우선상에 싱크대나 가스렌지 등의 수기(水氣)와 화기(火氣)가 있거나 커다란 창이 남서쪽의 부엌에 있고 서쪽 해가 들어온다면 서쪽 해는 황록색의 블라인드나 커튼으로 차광합니다. 창 근처에는 보라색 꽃이나 하양, 노랑의 꽃이 핀 화분을 놓으십시오.

인테리어용품은 빨강이나 노랑 등으로 조금 화려하게 하고, 베이지색·아이보리색도 금전운을 높이는 데 좋습니다. 싱크대나 가스렌지 근처에 소금담기를 하고 꽃이나 관엽식물을 두고 부지런히 청소합니다. 스푼·포크 등은 반짝반짝하게 닦아주십시오. 남서쪽에 부엌이 있는 것 자체가 풍수적으로 마이너스가 되니까요.

종이와 금전운적으로 관계가 좋은 남서쪽의 식당
테이블이나 소품에 세심한 배려가 필요하다

좋은 풍수 인테리어　바깥으로 튀어나온 창이 있고, 조명은 천장과 벽에 설치하거나 스탠드를 이용해 밝기를 자유롭게 변화시킬 수 있는 것이 좋습니다. 바닥은 어두운 계열, 벽이나 천장은 하양이나 베이지색, 커튼이나 블라인드는 하양·베이지색·노랑·아이보리색을 사용하면 됩니다. 가구는 나뭇결의 무크재로써 색은 조금 진한 것이 좋습니다.

또한 남서쪽에 있는 온돌식 식당은 금전운적으로 종이와 아주 좋은 관계입니다. 커다란 창에 미닫이를 부착하고, 창 근처에 커다란 관엽식물이 놓여져 있으면 금전운이 올라갑니다.

풍수로 부자되는 인테리어 꾸미기　커다란 창이 있어 서쪽 해가 들어온다든가, 반대로 해가 전혀 들어오지 않는 남서쪽의 식당은 테이블이나 세팅 등에 세심한 배려가 필요합니다.

그리고 바닥에 기름때가 있거나 테이블 위가 난잡하면 안 됩니다. 깔끔하게 청소를 하십시오. 테이블클로스나 런천매트는 천 제품으로 과일무늬나 하양 또는 베이지색 계열로 하며, 나이프와 포크 등은 항상 반짝반짝하게 하십시오. 테이블 위에는 도자기에 넣은 과일을 두거나 옅은 갈색과 하양, 노랑의 꽃을 장식하십시오.

사우선상에 테이블을 놓을 경우 토스터나 전자렌지 등은 테이블 위에 놓으면 안 됩니다. 조명은 밝게 하고 창이나 남서쪽 방위에 관엽식물을 놓고 빨강이나 노랑의 리본이나 소품을 달아 주십시오.

안정되고 고상한 색이 돈을 부르는 남서쪽의 거실

밝고 통풍이 좋게 말끔히 정리하는 것이 금전운을 높이는 조건이다

좋은 풍수 인테리어　남서쪽의 거실은 맨션을 위시해서 단독주택

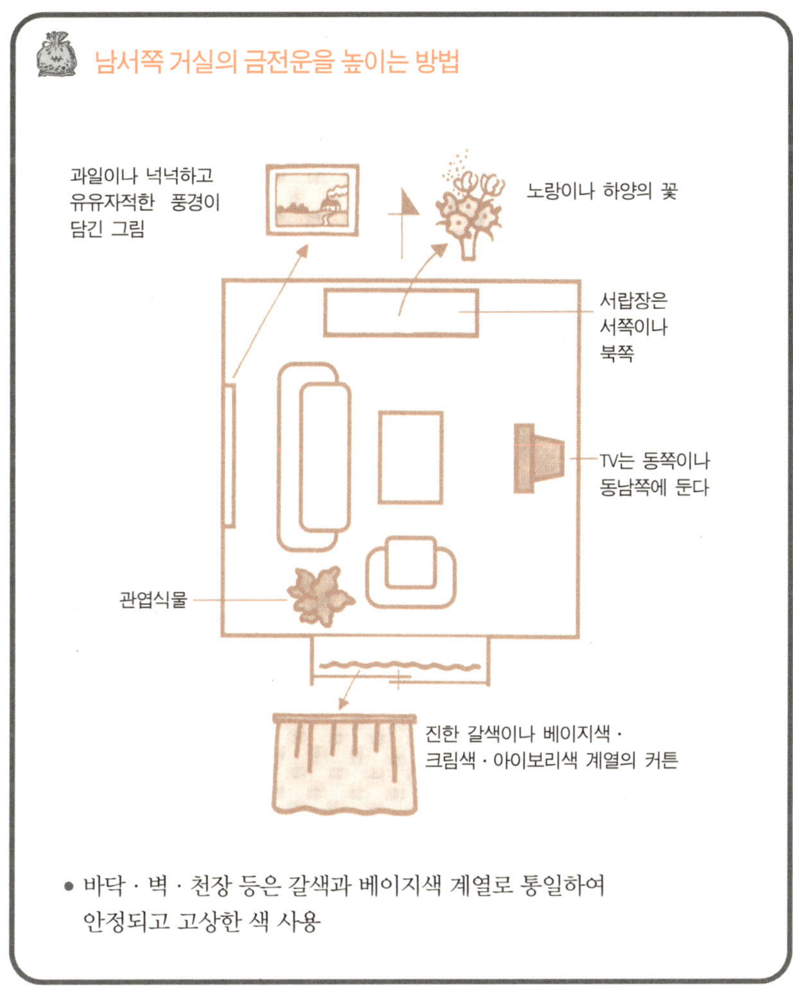

에서도 온돌식으로나 서양식으로나 모두 많이 설계됩니다.

서양식이라면 높은 창과 출창으로 벽면을 크게 취하여 그림이나 가구를 놓을 수 있는 공간이 있을 겁니다. 그리고 바닥·벽·천장 등은 모두 갈색과 베이지색 계열의 색조로 통일하여 안정되고 고상한 색을 사용하는 것이 금전운에 좋습니다.

온돌식이라면 갈색의 토벽이 좋고, 창으로 정원이 넉넉히 보이도록 하고 툇마루를 설치하면 좋습니다. 미닫이, 맹장지 등도 파워를 높여줍니다. 조명은 천장부착용과 스탠드식을 함께 사용하여 밝게 하십시오. 가구는 갈색 등의 진한 색으로 안정되게 합니다.

풍수로 부자되는 인테리어 꾸미기　그다지 금전운에 파워가 없다고 생각되는 남서쪽의 거실로써 창이 크면 짙은 갈색이나 베이지색·크림색·아이보리색 계열의 커튼을 하고, 창 근처에 관엽식물을 놓아둡니다. TV는 동쪽이나 동남쪽에 두고, 과일이나 넉넉하고 유유자적한 풍경이 담긴 그림을 벽에 걸거나 노랑이나 하양의 꽃을 장식하십시오. 어항이나 정수기 등을 두는 것은 피하십시오. 그리고 온돌방에 카펫을 깔았다면 벗겨내십시오. 통풍이 좋고 말끔히 정리하는 것이 금전운을 높이는 조건입니다.

배수가 나쁘면 돈의 회전도 나쁜 남서쪽의 욕실

더러워져 있으면 쓸데없는 지출이 생긴다

좋은 풍수 인테리어　남서쪽에 욕실이 있을 때, 창문은 통풍용으

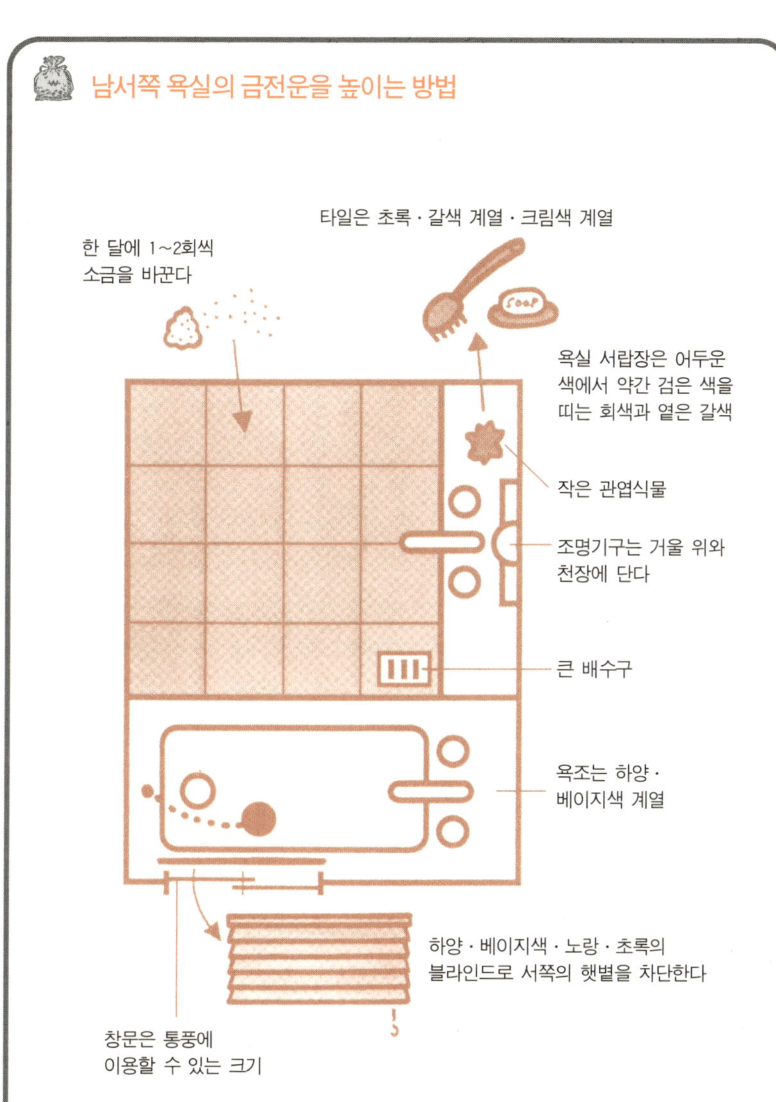
타일은 초록 · 갈색 계열 · 크림색 계열
한 달에 1~2회씩
소금을 바꾼다
욕실 서랍장은 어두운
색에서 약간 검은 색을
띠는 회색과 옅은 갈색
작은 관엽식물
조명기구는 거울 위와
천장에 단다
큰 배수구
욕조는 하양 ·
베이지색 계열
하양 · 베이지색 · 노랑 · 초록의
블라인드로 서쪽의 햇볕을 차단한다
창문은 통풍에
이용할 수 있는 크기

로 작고, 환풍기는 강력한 것을 설치합니다.

타일은 초록·갈색·크림색 계열 등이 좋으며, 욕조는 하양과 베이지색 계열로 합니다. 이때 욕실은 사우선에서 5도 정도 남쪽이나 서쪽으로 비켜나게 해야 하며, 조명은 약간 큰 거울 위와 천장에 다는 것이 좋습니다.

또 수건걸이 등은 금속제나 도자기제품을 사용하고 배수구도 크게 하여 물이 막히지 않게 합니다.

풍수로 부자되는 인테리어 꾸미기 앞에서 설명한 좋은 풍수 인테리어가 되지 않고 사우선상에 욕조나 보일러, 창문이 있으면 남서쪽은 물이 썩거나 곰팡이가 생기기 쉬운 방위입니다. 더러워져 있으면 쓸데없는 지출도 생깁니다.

서쪽 해를 하양이나 베이지색·노랑·초록의 블라인드로 차광하십시오. 그리고 욕실 서랍장은 어두운 색에서 약간 검은 색을 띠는 회색이나 옅은 갈색으로 하고, 작은 관엽식물을 놓습니다.

창문이 없어 통풍이 나쁜 욕실은 보라색이나 노랑의 세면용품을 놓고 수건이나 목욕수건은 하양·초록·노랑으로, 샴푸나 비누 등은 향기가 좋은 것을 사용합니다.

또한 가장 나중에 목욕한 사람이 물을 버리고 바닥이나 벽을 청소하도록 하십시오. 배수가 막혀 물의 흐름이 나쁘면 돈의 회전도 나빠집니다. 평소 한 달에 한두 번은 소금으로 부정을 씻어내면 좋습니다.

주부를 무기력하게 만들기 쉬운 남서쪽의 세면대

주부가 일할 기분이 나지 않고 가계에 큰 위기가 올 수 있다

좋은 풍수 인테리어　인테리어로 바닥은 갈색이나 노랑, 내수와 곰팡이를 방지할 수 있는 플로링이나 비닐시트 계열, 벽은 타일이나 비닐클로스, 천장은 도장이나 비닐클로스로 마감하고, 색은 하양 계열이나 베이지색 계열을 사용합니다. 세면대는 수납기능이 많이 달려있는 타입이 좋습니다. 그리고 거울은 크고, 조명은 거울 위와 천장 두 곳에 설치합니다. 조명의 불빛이 강한 노랑이라면 금전운의 진행을 방해하지는 않습니다.

좋지 않은 풍수 인테리어　남서쪽의 세면대는 주부들에게 저축할 의욕을 상실하게 합니다. 즉 일할 기분이 나지 않고 일이 빨리 진척되지 않는 등 가정에 큰 위기가 올 수도 있습니다.

풍수로 부자되는 인테리어 꾸미기　통풍·환기·채광 등이 나쁘고 세면대가 귀문라인상에 있으며, 게다가 창문이 없다면 매트나 수건류는 꼭 햇볕에 말려 사용하십시오. 그리고 보라색과 황금색 용품을 중점적으로 비치하십시오. 반대로 창이 크고 서쪽 해가 눈부시게 들어온다면 하양이나 회색, 초록의 블라인드로 차광합니다. 그리고 용품은 노랑·흰색·갈색 계열로 하고 수건은 초록이나 노랑을 씁니다. 또 창 부근에는 관엽식물을 놓으십시오. 발수건이나 매트들은 꽃무늬가 있는 것을 사용하고, 창문이 있든 없든 하양과 노랑의 꽃도 장식하십시오.

청소와 소금담기를 하면 좋은 남서쪽의 화장실
결함이 가득한 남서쪽의 화장실은 말끔히 청소하고 소금담기를 한다

좋은 풍수 인테리어　　노랑 · 초록 · 하양의 타일, 바닥이나 벽 · 천장 · 변기 등의 색은 짙거나 옅은 색으로 통일되어 있고, 출입구의 문은 나무재질의 차분한 색이며, 작은 창문이 있고, 천장에 환풍기와 밝은 조명, 수건걸이의 후크 등이 황금색 계열의 금속제품이나 크림색이라면, 사우선상에 변기가 없는 것을 조건으로 금전운의 진행을 방해하지 않습니다.

풍수로 부자되는 인테리어 꾸미기　　귀문라인은 기의 통로이므로 결함이 가득한 남서쪽의 화장실은 말끔히 부지런히 청소하고 소금담기를 합니다. 그리고 화장실용품이나 수건, 매트를 하양이나 노랑 또는 밝은 초록으로 합니다. 만일 창문이 없다면 보라색 수건이나 매트, 슬리퍼 등이 더러워지면 새 것으로 자주 교환하며, 관엽식물을 두고 과일 그림을 걸어 장식하십시오.

바람이 통하면 금전운에 좋은 남서쪽의 침실

옷장은 북쪽으로 놓고 분홍이나 하양의 갓 스탠드는 동쪽에 놓는다

좋은 풍수 인테리어　남서쪽의 침실은 겨울에는 따뜻하고 여름에는 조금 덥지만 기분 좋은 바람도 들어오기 때문에 서쪽 해가 강하게 들어오는 것을 완전히 차광한다면 금전운적으로 좋은 침실의 방위입니다.

내부 장식은 갈색 계열로 하고, 천장을 조금 높게 하며, 미닫이를 부착한 직사광선이 들어오지 않는 온돌방이라면 돈을 불러들이는 좋은 풍수의 조건을 만족시킵니다.

바닥은 짙은 갈색 계열의 플로링으로 하고, 벽과 천장도 바닥에 맞춰 베이지색 계열이나 옅은 초록 계열로 합니다. 그리고 덧문이 있는 창은 서쪽보다 남쪽이 좋으며, 조명은 간접 조명을 응용하여 안정된 분위기를 연출합니다. 가구는 어두운 계열의 크고 견고한 것을 남향이나 동향에 둔 서양식이라면 금전운이 좋습니다.

풍수로 부자되는 인테리어 꾸미기　서쪽에서 햇빛이 들어오는 침실이라면 베이지색의 커튼으로 잘 차광합니다. 소품 등을 너저분하게 놓지 마십시오. 소품이나 양복을 수납하는 벽장이나 서랍장은 중후하고 튼튼한 것을 사용합니다. 침대커버나 슬리퍼, 가구는 회색 계열이 괜찮으며, 제비꽃색이나 빨강·노랑·하양 등의 소품에 맞춰 창 주변이나 침대 근처에 관엽식물과 함께 놓습니다. 옷장은 북쪽에

 ## 남서쪽 침실의 금전운을 높이는 방법

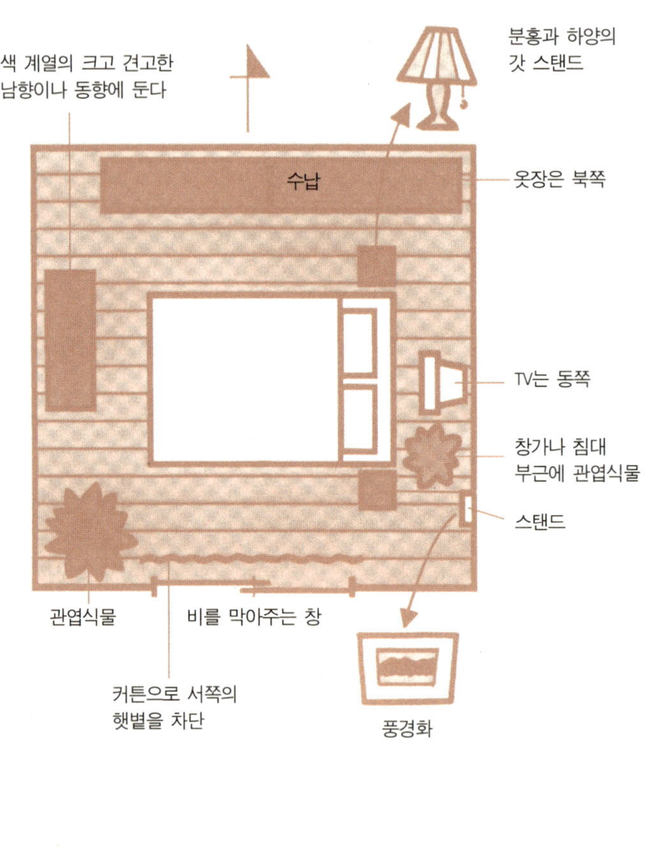

- 바닥은 짙은 갈색 계열의 플로링
- 벽 · 천장은 베이지색 계열이나 옅은 초록색 계열

놓고, 분홍이나 하양의 갓 스탠드와 TV · 오디오는 동쪽에 놓아주십시오.

꾸물거리는 아이가 되기 쉬운 남서쪽의 아이 방
서쪽의 햇빛이 눈부시게 들어오면 꾸물거리는 아이를 만든다

좋은 풍수 인테리어　창이 크지 않고 상대하는 방위에 문이 있으며 바람이 잘 통하고, 단열재 등을 바닥 · 벽 · 천장에 넣어 여름 더위에 대한 대책이 충분해야 좋습니다. 바닥은 어두운 계열의 플로링으로 하고, 벽이나 천장은 크림색이나 어린 풀잎색, 제비꽃색 등 옅은 색으로 합니다. 커튼도 벽과 같은 색으로 합니다.

가구는 나무제품의 무크재를 사용하는 남서쪽의 아이 방은 꾸물거리는 아이가 아니라 노력하는 아이로 바꿔줍니다.

풍수로 부자되는 인테리어 꾸미기　풍수에서는 커다란 창이 있고 서쪽으로부터 햇빛이 눈부시게 들어오면 '꾸물거리는 아이를 만든다'고 하는데 남자아이보다 여자아이에게 해당됩니다.

'이미 꾸물거리는 아이가 되었다'라고 생각된다면 조명을 스탠드 등으로 한층 밝게 하고, 책상을 방의 동쪽에 동향으로 옮기십시오. 또 잠은 방의 동쪽과 남쪽 사이에서 동쪽으로 머리를 두고 자도록 해줍니다.

커튼은 노랑, 하양과 초록 계열의 세로줄이 들어간 스트라이프가 좋고, 침대커버와 베개커버 등은 남자아이라면 체크무늬, 여자아이라면 꽃무늬로 해주십시오. 그리고 창 부근에 관엽식물을 두고, 하양과 노랑의 소품이나 리본을 답니다. 소품 등을 너무 너저분하게 두지 않는 것이 좋겠지요.

보라색 그림과 꽃으로 돈을 부르는 남서쪽의 복도
금전운을 높이려면 부지런한 청소가 중요하다

좋은 풍수 인테리어　　남서쪽의 복도는 조금 안정된 느낌으로 세련된 내부 장식을 해야 합니다. 예를 들면 바닥은 갈색이나 초록 계열의 차분한 카펫이나 어두운 풍의 플로링으로 하고, 벽이나 천장은 하양 또는 바닥과 같은 계열의 색으로 인테리어를 하면 금전운이 안정되기 쉽습니다. 온돌방의 이미지도 좋습니다. 역시 이 방위도 조명을 밝게 해야 합니다.

풍수로 부자되는 인테리어 꾸미기　　바람이 잘 통하는 문을 내어 복도에 바람이 잘 통하도록 하면 좋겠지만, 그럴 수 없다면 벽에 바람을 느끼게 하는 풍경화나 초원의 그림을 걸어 놓는 것도 좋은 방법입니다.

동북쪽과 마찬가지로 너저분한 것을 싫어하는 방위이므로 밖에서 가지고 들어온 물건을 오랫동안 방치하거나 방에 넣을 수 없는 것을 복도에 놓아두는 것은 좋지 않습니다. 이 방위에서는 큰 수납공간을 설치하는 것도 좋지만 안은 항상 깨끗하게 해야 합니다.

복도의 바닥은 매일 물걸레질을 해둡니다. 또 더러움도 싫어하므로 복도라고 해서 적당히 하지 않고 항상 깨끗하게 청소를 해야 합니다. 금전운을 높이고 싶으면 보라색이나 황금색의 그림이나 꽃을 벽에 장식하십시오. 금전운에 피해가 있을 정도로 부부사이가 나쁘다면 빨강을 포인트로 사용하십시오.

12 주부가 항상 피곤해지기 쉬운 남서쪽의 수납
흙이나 항아리·야채·초원·종이를 이미지로 하는 것을 수납한다

좋지 않은 풍수 인테리어　　남서쪽은 '안쪽 귀문'이라 불리고 겉귀문인 동북쪽과 마찬가지로 항상 깨끗하고 정결하게 보존해야 하는 방위입니다. 남서쪽에 수납이 있는 것 자체는 풍수상으로 좋지만 더러워진 수납은 집에 있어서 커다란 결함이 됩니다.

남서쪽은 여성, 특히 한 가정의 주부에게 영향을 주기 쉬운 방위이기 때문에 남서쪽에 더러워진 공간이 있으면 주부의 몸 상태가 시원치 않고 집안이 항상 침울하거나 고부간의 다툼 등으로 주부가 항상 피곤한 상태가 되고 집안일을 할 기분이 나지 않기 쉽습니다.

 남서쪽에 수납이 있다면 갈색이나 초록 계열·베이지색 계열로 안정된 느낌의 내부 장식을 하십시오. 문이나 벽에 너무 진한 색상을 사용하면 더러움이 눈에 띄기 어려우므로 안 됩니다. 황금색이나 갈색, 크림색 모두 잘 어울리며, 특히 황금색은 가정을 안정시키는 힘이 있습니다. 보라색은 여성이 어떤 일에도 동요하지 않는 힘이 있습니다. 조명을 단다면 밝게 하고, 남서쪽도 광택이 있는 것을 좋아하므로 손잡이 등은 황금색이나 은색의 것이 좋습니다.

남서쪽의 수납은 풍수상 흙이나 항아리·밥공기·야채·초원·천·종이와 잘 어울리므로 이것을 이미지로 하는 것을 수납해두면 좋겠지요.

동북쪽에 현관이 있고 남서쪽에 수납이 있다면, 수납은 남서쪽의 럭키아이템이면서 동북쪽의 럭키아이템인 사각으로 된 하양의 물건을 넣어두면 좋겠지요.

10장 집의 서쪽에서 돈을 불러들인다

'서쪽에 황색'은 금전운을 높여준다는 격언처럼 서쪽은 금전운을 불러오는 입구다. 금전운을 높여주는 중요 포인트인 서쪽은 아주 중요한 공간이다.

돈의 출입이 심해지기 쉬운 서쪽의 현관

정중앙선상에 현관문이 있으면 돈의 출입이 심해진다

좋은 풍수 인테리어　　현관 앞에 연못이나 손을 씻는 곳을 두지 않고, 문도 서쪽의 정중앙선상에서 벗어나 있어야 합니다. 이때 서쪽 현관의 공간을 다소 넓게 하고 홀의 조명을 강하게 하는 것이 좋습니다. 현관입구의 타일은 크림색이나 하양, 갈색이 최고이며, 홀의 바닥도 플로링으로 하고, 카펫은 갈색 계열로, 천장은 베이지색이나 하양 계열의 클로스나 도장도 좋습니다.

색과 디자인 등은 세련되게 정리하십시오. 신발장은 반짝반짝하게 윤이 나게끔 마무리한 것이나 나뭇결이 살아있는 것처럼 마무리를 한 세련된 것이 좋겠지요. 검정 타일과 정면의 거울은 서쪽의 현관을 나쁜 풍수로 만듭니다.

좋지 않은 풍수 인테리어　　현관 출입구가 정중앙선을 전후로 5도 정도 벗어나 있으면 문제가 없지만, 정중앙선에 현관문이 있거나 현관 앞에 연못 등이 있으면 돈의 출입이 심해지고 귀찮은 친구가 집을 사용하거나 신뢰가 부족한 가족이 됩니다. 또 푸념과 걱정거리도 많아집니다.

풍수로 부자되는 인테리어 꾸미기　　서쪽으로부터 햇빛이 들어오면 반드시 차광을 하십시오. 현관문 손잡이는 항상 반짝반짝하게 하고, 흰 꽃무늬에 노란 꽃 레이스를 깔아 장식하세요. 노란 과일을 갈색이나 흰 그릇에 넣어두어도 좋겠지요. 하지만 어항이나 정수기를 놓아두어서는 안 됩니다.

인테리어 색상으로 매트나 슬리퍼 등에는 어두운 차콜그레이(charcoalgray, 암회색)가 잘 어울립니다. 그리고 현관과 포치는 외등으로 밝게 비추고, 과일무늬가 새겨진 도자기의 우산받침대를 포치에 놓으십시오. 그림을 장식한다면 과일이나 시골 풍경화, 유럽 거리의 그림들을 걸어 놓으면 좋습니다. 물론 현관은 매일 물걸레질과 물청소를 하십시오.

 ## 서쪽 현관의 금전운을 높이는 방법

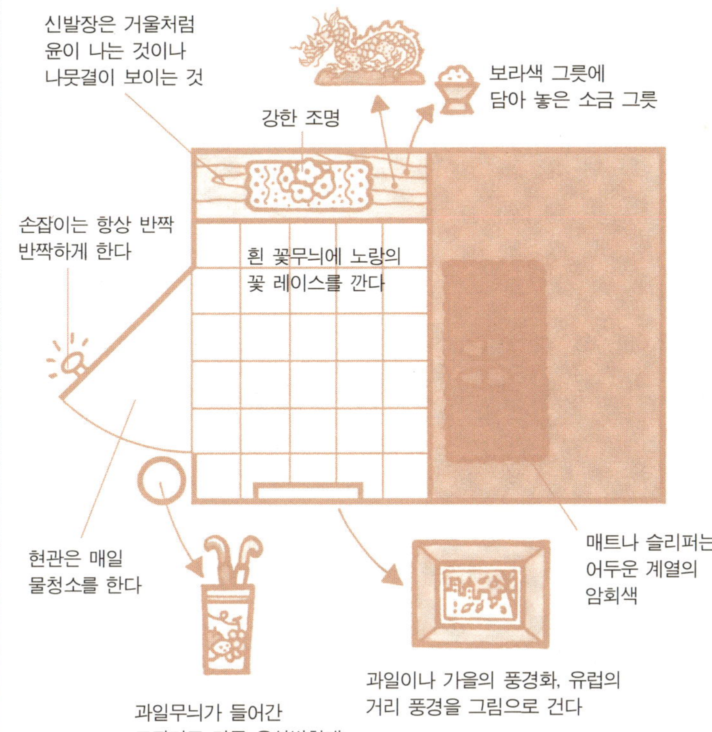

- 현관의 타일은 크림색 · 하양 · 갈색
- 홀의 바닥은 플로링, 카펫은 갈색 계통

가족이 뿔뿔이 흩어지게 되는 서쪽의 계단
서쪽으로부터 들어오는 햇빛을 확실히 차광한다

좋은 풍수 인테리어　작고 고급스런 디자인의 창문이 있고, 환기가 잘 되며, 조명은 2~3곳 부착하여 밝게 하면 좋습니다. 바닥은 약간 어두운 풍의 나뭇결무늬 계열의 계단 디딤판이나 갈색 계열의 카펫을 사용하고, 벽이나 천장은 흰색이나 옅은 베이지색·크림색 계열로 장식합니다. 또 벽의 일부가 오목한(凹) 모양으로 되어 있고 선반이 있어 꽃 등을 장식할 수 있으면 아주 좋습니다. 그리고 난간 등을 잘 닦으면 서쪽 계단에서 금전운적인 피해가 없이 지나갑니다.

풍수로 부자되는 인테리어 꾸미기　반대로 서쪽 계단에 커다란 창이 있다면 낮에는 흰 레이스의 커튼을 치거나 노랑이나 베이지색 계열의 두꺼운 커튼으로 서쪽으로부터 들어오는 햇빛을 확실히 차광합니다. 계단벽에 꽃을 장식하거나, 유럽거리나 풍경화 등의 그림을 액자에 넣어 장식해도 좋겠지요. 또 계단홀에 관엽식물을 두고 노랑의 리본이나 소품을 달아놓으십시오.

바닥이나 난간 등은 항상 반짝반짝하게 청소해둡시다. '서쪽에 계단이 있으면 가족이 뿔뿔이 흩어진다'고 해서 가족들이 단란하고 즐거운 시간을 보내는 시간이 없어진다고 합니다. 확실히 풍수 인테리어적인 처방을 해주십시오.

불륜을 일으키고 여행을 좋아하는 서쪽의 부엌

노랑의 블라인드로 서쪽의 햇빛을 차광하여 금전적인 손해를 막는다

좋은 풍수 인테리어　부엌 바닥은 짙은 갈색의 플로링으로 하고, 벽이나 천장은 하양이나 베이지색, 개수대 앞의 타일은 노랑 계열이나 옅은 등나무색이나 옅은 분홍색을 사용합니다. 천장은 높고, 시스템부엌의 문은 나뭇결이나 하양 또는 노랑이 좋습니다.

천장의 합판은 인조대리석무늬 등 화려한 디자인이 좋고, 냉장고의 문도 나뭇결이나 노랑, 식기장 등의 가구는 고급스런 느낌을 주는 것이 좋습니다. 조명은 개수대등만 밝게 하고, 서쪽 창은 반드시 노랑의 블라인드로 빛을 차단해야 금전적인 손실을 막을 수 있습니다.

좋지 않은 풍수 인테리어　태양의 운행은 동쪽에서 떠올라 남쪽에서 높아지고 서쪽으로 기울게 됩니다. 그리고 식사는 인간의 활력원이며, 저무는 태양의 기는 음식의 활력을 더해줍니다. 하지만 에너지를 음과 양으로 나누면 부엌에 어울리는 것은 양기(陽氣)이기 때문에 결국 서쪽의 음기(陰氣)와는 풍수적으로 좋지 않습니다. 그 결과 낭비로 인한 큰 금전적인 손실이 생기고 마는 것입니다. 더구나 불륜의 부엌이라 불려질 정도로 좋지 않은 부엌도 있습니다.

풍수로 부자되는 인테리어 꾸미기　서쪽에 부엌이 있으면서 이미

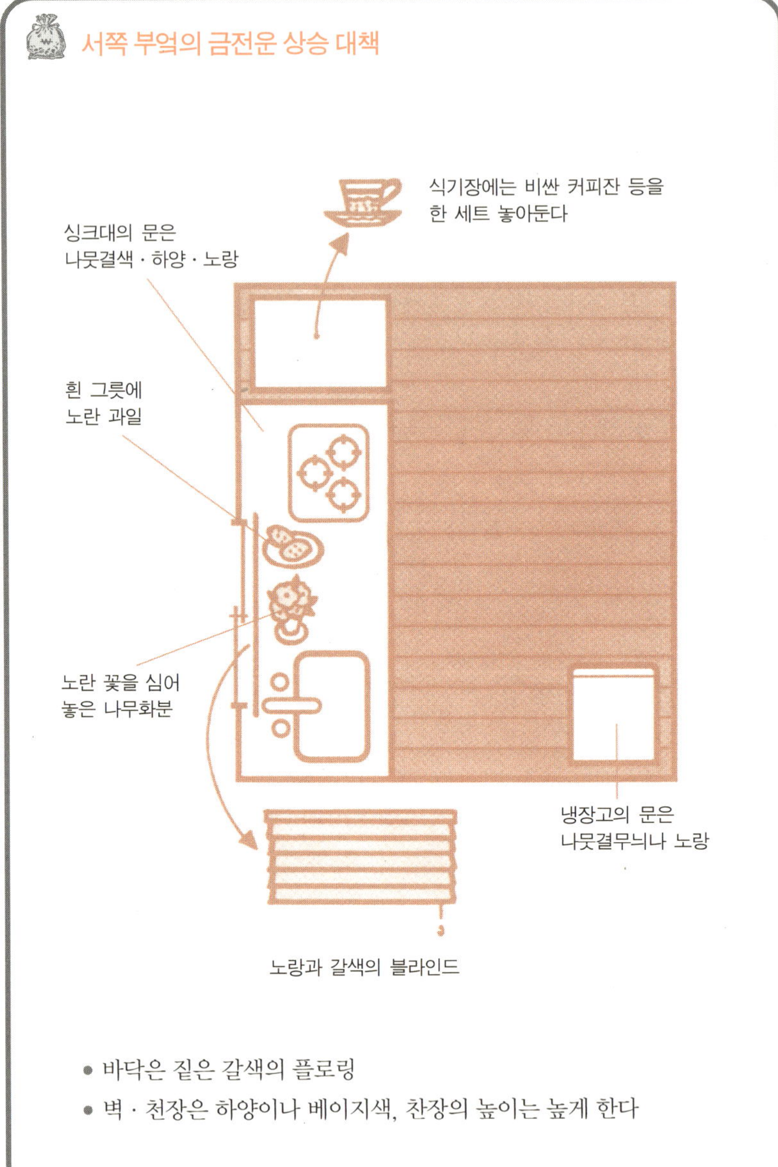

- 바닥은 짙은 갈색의 플로링
- 벽 · 천장은 하양이나 베이지색, 찬장의 높이는 높게 한다

큰 금전적인 손실이 있거나 수입이 부족해졌다면 싱크대 정중앙선상에 급·배수의 누수가 있는지 체크하고, 만약 누수가 있다면 바로 고쳐야 합니다. 또 서쪽으로부터 햇빛이 들어오면 노랑이나 갈색의 블라인드를 달고, 창 주변에 노란 꽃이 핀 화분이나 흰 그릇에 노란 과일을 놓아두십시오.

부엌용품은 스테인리스제의 광택이 있는 것이나 분홍이나 노랑의 도자기류로 장식하거나 약간 고가의 커피잔 등을 한 세트 놓아두십시오. 이것을 식기장 안에 두는 것만으로도 달라집니다. 그리고 혹시 가스렌지나 싱크대가 더러워져 있으면 서쪽의 금전운이 더욱 나빠지게 되므로 항상 청결하고 깨끗하게 정돈되어 있어야 합니다.

부엌과 식당이 함께 있으면 좋은 서쪽의 식당

꽃은 끊이지 않게 하며, 과일무늬의 디자인을 많이 사용한다

좋은 풍수 인테리어　　서쪽 식당의 바닥은 짙은 갈색의 플로링으로 하고, 벽은 하양이나 크림색을 씁니다. 장식장도 바닥과 같은 색으로 하고, 테이블이나 책상은 무크재의 견고한 것으로 색은 역시 짙은 갈색으로 하면 좋습니다.

그리고 서쪽의 식당에 다리가 금속제인 테이블이나 의자를 사용하고 있다면 금전운은 나쁘지 않습니다. 또 식당을 부엌공간 내에 함께 만든 다이닝키친(dining kitchen)의 경우 식당 부분이 서쪽 방위에 있으면 그런대로 좋습니다. 만약 온돌식이라면 출창도 작게 하고, 온돌 위에 아무것도 깔지 말고 품질이 좋은 다리가 짧은 탁자를 놓고 노란 꽃을 산처럼 센스있게 장식하십시오. 조명은 창 주변에 1개를 더 달아 주면 좋습니다.

풍수로 부자되는 인테리어 꾸미기 혹시 나쁜 풍수의 서쪽 식당이라면 서쪽으로부터 들어오는 햇빛을 노랑이나 갈색 또는 하양의 커튼이나 블라인드로 차광합니다. 테이블 위에는 흰 테이블클로스를 깔고 도자기제품의 그릇에 귤이나 레몬, 바나나를 넣어두십시오.

그리고 꽃은 끊이지 않도록 하고, 과일무늬의 런천매트나 과일나무가 디자인된 물건을 많이 사용하십시오. 바닥 등은 말끔히 청소하고 플로링은 물걸레질을 하면 좋습니다. 하지만 서쪽 정중앙선상에 커다란 물탱크가 있는 식당은 나쁜 풍수가 되어버립니다.

5 금전운이 좋아 '부자 거실'로 불리는 서쪽의 거실
서양식은 화려한 느낌으로 인테리어 한다

좋은 풍수 인테리어 온돌식은 '부자 거실'입니다. 서쪽 벽에 철사가 없는 작은 액자를 걸거나 그 밑에 소나무 분재를 놓아두면 금전

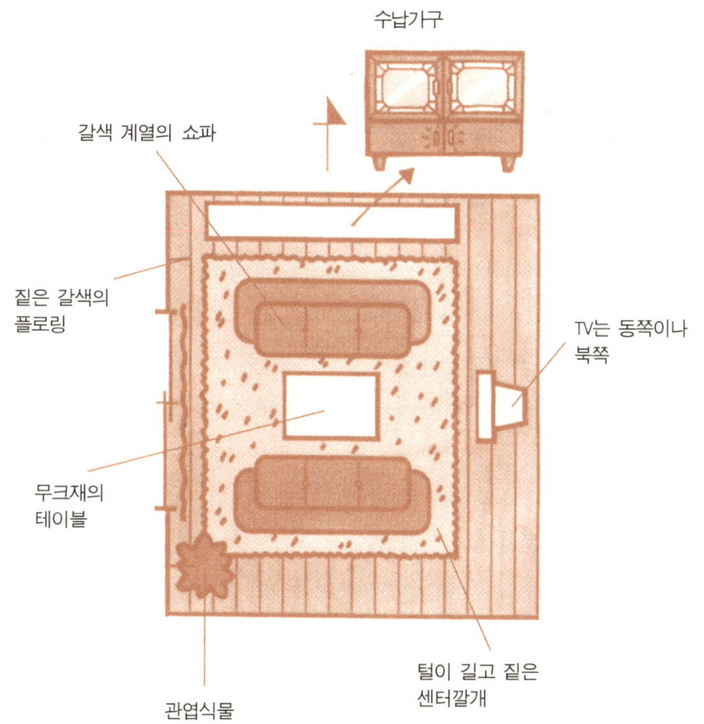

- 서양식이라면 화려한 느낌으로 인테리어하는 것이 좋다
- 가구 손잡이는 황금색, 유리문에는 커튼을 단다
- 열대어나 금붕어 등은 절대 장식하면 안 된다

운이 높아져 돈에 구애받지 않게 됩니다.

서양식이라면 화려한 느낌으로 인테리어하는 것이 좋습니다. 짙은 갈색의 플로링에 벽과 천장은 하양으로 하며, 센터깔개는 털이 긴 짙은 베이지색 계열, 소파는 갈색 계열로 하고 무크재의 테이블을 놓습니다. 그리고 가구 손잡이는 황금색으로 하고, 유리문에 커튼을 사용하면 부자 인테리어입니다.

풍수로 부자되는 인테리어 꾸미기　　인테리어에 서툴거나 무리가 있는 사람은 노랑과 하양의 꽃을 장식하십시오. 그리고 낭비가 많은 사람은 파랑의 꽃을 조금 더 장식합니다. 또 유럽 특히 독일이나 프랑스 식기를 장식장 안에 넣어두거나 유럽풍의 인테리어 잡지를 놓아두는 것도 좋겠지요.

서쪽 거실에는 열대어나 금붕어 등은 절대 장식하지 마십시오. 그리고 TV를 놓는 위치는 방의 북쪽이나 동쪽으로 하고, 그렇지 않을 때는 빨강이나 분홍의 소품을 TV와 함께 두십시오.

집안의 여성이 불륜에 빠지기 쉬운 서쪽의 욕실

여성에게 놀고 싶은 마음이 많아지고 헛된 지출로 돈이 싫어한다

좋은 풍수 인테리어　　정중앙선상에 욕조나 샤워기 또는 욕실보일러가 없고 환기가 되는 창문이 있어야 합니다.

바닥과 벽의 타일은 노랑과 하양, 분홍 계열로 하고, 욕조는 마블(marble, 대리석무늬)이나 분홍, 베이지색이나 갈색 계열로 하며, 수건걸이 등은 금속성이 좋습니다. 서쪽의 욕실은 부엌과 나란히 있어 금전운에는 결함이 있지만 조명이 벽과 천장 두 곳에 있으면 나쁜 풍수의 작용을 감소시킬 수 있습니다.

좋지 않은 풍수 인테리어　정중앙선상에 욕조나 보일러가 있으면 여성에게 놀고 싶은 마음이 많아지고 헛된 지출이 겹쳐 최악이며, 부인이나 딸이 불륜에 빠질 수 있습니다. 게다가 돈이 싫어합니다.

풍수로 부자되는 인테리어 꾸미기　서쪽 욕실에 인테리어적으로 결함이 있으면서 창문이 크고 서쪽 해가 강하게 들어오면 노랑이나 베이지색·갈색 계열의 블라인드로 차광해야 합니다.

그리고 세면용품은 하양이나 크림색, 분홍이나 노랑이 좋겠지요. 수건과 비누 등도 같은 색으로 하고, 과일향이 있는 것이 금전운의 파워를 상승시켜줍니다.

거울이나 수도꼭지 등은 반짝반짝하게 하고, 환풍기는 부지런히 틀어 주십시오. 욕조의 물은 가족이 모두 사용하면 바로 버려 담아두지 않도록 주의하십시오. 마블무늬나 대리석용품도 좋습니다. 그리고 소금담기를 해 놓으면 헛된 지출을 막을 수 있습니다.

서쪽 욕실의 금전운을 높이는 방법

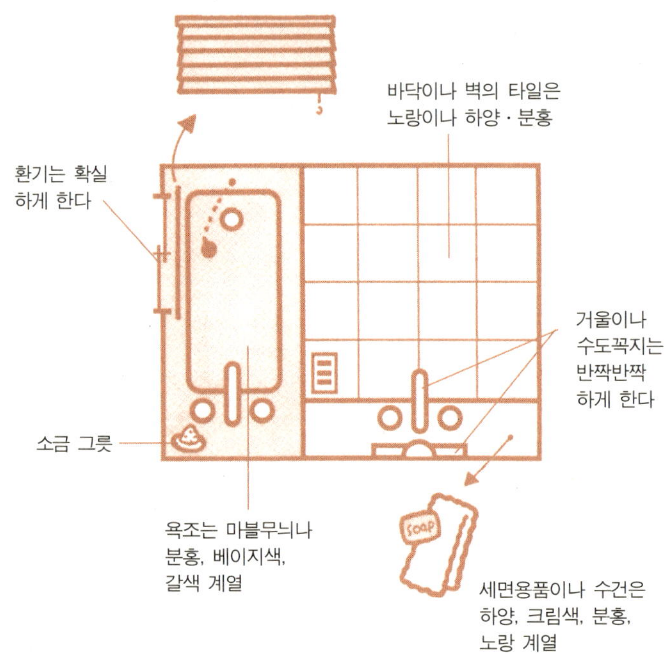

- 정중앙선상에 욕조나 샤워기, 욕실 보일러가 없어야 한다
- 소금담기를 하면 헛된 지출을 막을 수 있다
- 조명은 천장과 벽의 두 곳에 설치

화려한 대리석이 최고인 서쪽의 세면대
하양과 노랑의 꽃무늬가 풍수에 좋다

좋은 풍수 인테리어　서쪽의 세면대는 공간을 넓게 하고 서쪽 정중앙선상을 벗어난 것이 좋으며, 카운터를 대리석으로 한 커다란 세면대를 부착하는 등 화려한 것이 금전운에 피해를 주지 않습니다. 바닥도 대리석이 최고입니다. 비닐클로스 계열도 무늬를 돌무늬로 하면 좋겠지요. 하양이나 노랑의 꽃무늬도 풍수적으로 좋습니다.

창문은 바람이 통할 정도의 크기로 조명도 두 곳에 설치하고 전체가 같은 밝기가 되도록 합니다. 출입구의 문은 유리문으로 하여 다소의 자연광이 문에서 세면대, 세면대에서 복도로 빠지도록 하면 그다지 헛된 지출이 나가지는 않습니다.

풍수로 부자되는 인테리어 꾸미기　서쪽의 세면대에서 정서쪽에 커다란 창이 있으면 풍수적으로 너무 좋지 않은 경우인데, 이때는 노랑이나 갈색 계열의 블라인드로 차광하십시오.

그리고 발판매트나 수건, 세면용품 등은 하양이나 크림색 · 노랑 · 분홍으로, 예쁘고 귀여운 화장품을 진열하거나 하양 · 노랑의 꽃과 관엽식물 등을 장식하고, 거울이나 수도꼭지 등은 항상 반짝반짝하게 닦고, 바닥도 항상 깨끗하게 닦으십시오.

황금색 계열의 소품을 사용하거나 유리제품을 반질반질하게 닦아서 사용하는 것도 금전운을 높여 결함을 적게 해줍니다.

햇빛을 완전히 차단해야 좋은 서쪽의 화장실
창문이 없으면 보라색의 수건이나 커버로 보충한다

좋은 풍수 인테리어　정중앙선상을 피해 서쪽에 화장실의 변기를 배치하고, 내부 장식은 고급스러우면서 넓고 화려하게 합니다. 예를 들면 대리석에 노란 귤 등의 소품을 많이 사용하거나, 변기도 조금 고급품으로 하양이나 베이지색 · 갈색 · 노랑을 씁니다.

작은 창으로 환기나 채광을 하고 환풍기를 달아주며, 조명은 벽과 천장 두 곳에 달아 화장실 안이 밝게 되어 있다면 금전적인 결함의 피해는 줄어듭니다.

풍수로 부자되는 인테리어 꾸미기　정중앙선상에 변기가 있으면 금전상의 트러블로 인해 인간관계가 나빠지는 등의 결함이 생깁니다. 여기에 창문이 없는 경우 보라색의 변기나 세숫대야, 수건 그리고 변기커버로 보강하여 주십시오. 화장실에 창이 있어 서쪽의 햇빛을 들어온다면 완전히 차광하십시오.

수건이나 매트를 비롯한 인테리어 색상은 노랑의 포인트를 주고 하양으로 통일하거나 분홍 · 아이보리색으로 옅게 통일시키거나 짙

 ## 서쪽 화장실의 금전운을 높이는 방법

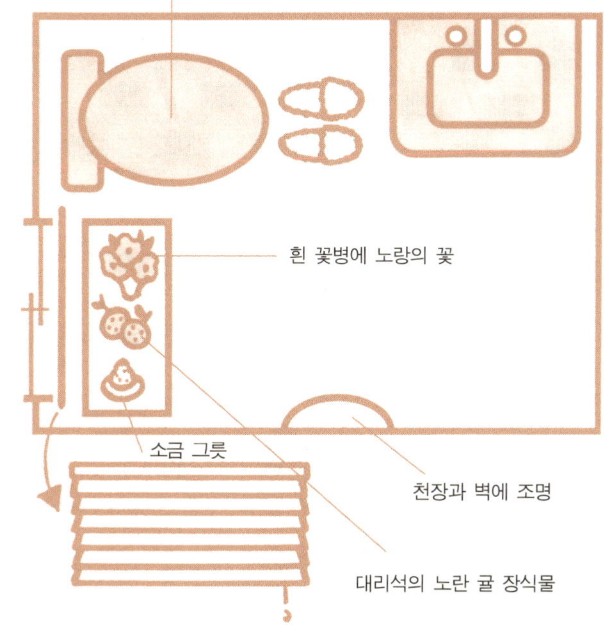

- 내장이나 인테리어는 고급스러우면서 넓고 화려하게 한다
- 정중앙선상에 변기가 있으면 금전상의 트러블로 인간관계가
  나빠진다

은 갈색으로 소박하게 합니다. 그리고 조명은 밝게 하십시오. 또한 소금담기를 하고 흰 꽃병에 노란 꽃을 꽂거나 노랑 · 하양 · 분홍색의 꽃 그림이나 액자를 걸어 두면 좋습니다. 꽃무늬 수건이나 슬리퍼, 대리석용품이 금전적인 파워를 크게 합니다.

돈이 필요한 만큼 반드시 들어오는 서쪽의 침실

'동쪽 부엌, 서쪽 침실'은 부자가 되는 풍수에 대단히 좋다

좋은 풍수 인테리어　서양식보다는 온돌식이 더욱 좋습니다. 침실이 넓고 내부 장식이 서양식이라면 갈색 계열의 플로링이나 베이지색 계열의 카펫으로 장식하고, 벽과 천장 모두 베이지색 계열이나 하양 또는 옅은 분홍이나 노랑으로 하면 금전운이 좋아집니다. 서쪽 해를 차광하기 위해 미닫이나 노랑 또는 갈색의 커튼을 꼭 부착하고, 가구는 중후한 무크재의 것을 들여놓습니다.

또 놋쇠제품이나 반짝반짝 빛나는 침대와 가구를 사용하거나, 방의 동쪽에 TV나 스탠드를 놓아 비추고 있는 서쪽의 침실은 잠을 푹 자게 하고, 장사가 잘 돼 돈에 대한 염려가 없어지고 필요한 만큼 반드시 들어옵니다.

이처럼 '동쪽 부엌, 서쪽 침실'은 금전운이 대단히 좋은 풍수 인테리어입니다.

　　서쪽 침실에서 정서쪽 방향으로 커다란 창이 있으면 갈색 바탕에 노란 무늬의 두터운 커튼을 다십시오. 노랑 등의 원색도 좋습니다. 동쪽에 플로어 스탠드를 놓고 동쪽을 밝게 비추십시오. 또 서쪽에 고등 모양으로 된 노랑색의 세련된 스탠드를 두는 것도 금전운을 높여주는 파워입니다.

　서쪽에 하양이나 노란 꽃을 빠트리지 마세요. 꽃병은 하양이나 갈색의 토기를 두고, 어항을 두지 않도록 하십시오. 그림을 장식한다면 노란 과일이나 포도 그림을 걸고, 침대커버 등은 노랑의 꽃무늬를 사용합니다.

10 햇빛을 막아야 금전운이 안정되는 서쪽의 아이 방

책상은 북향으로 하고, 머리는 동쪽으로 두고 잔다

　　크지 않은 창문이 있고 베이지색이나 분홍 계열 또는 초록 계열의 커튼을 한, 서쪽에 위치하고 있는 아이 방 출입문은 동쪽이 최고입니다. 색상은 귀여운 것보다 진한 느낌의 안정된 분위기로 마무리하고, 목재 계열의 소재를 사용합니다.

　되도록이면 내추럴한 재료를 많이 사용하고, 바닥은 짙은 갈색 계열로 하십시오. 그리고 벽이나 천장은 베이지색 계열 · 분홍 · 노랑, 책상이나 서랍 · 침대 등은 무크재의 짙은 갈색이 좋습니다. 동쪽에 스탠드를 놓아 동쪽 파워가 상승되면 그런대로 좋은 풍수입니다.

풍수로 부자되는 인테리어 꾸미기　　정서쪽에서 서쪽의 햇빛이 들어오는 큰 창이 있는 아이 방은 갈색이나 진한 색의 커튼으로 차광합니다. 서쪽의 햇빛이 강하면 노는 것에 열중하여 돈에 야무지지 못한 아이가 되거나, 금전 감각만 발달한 아이가 되어 금전운을 달아나게 만들기 때문입니다. 그리고 관엽식물을 많이 놓고 책상을 북향으로 하고 잘 때는 머리가 동쪽으로 오게 합니다. 동서쪽에 어항이나 수족관 등을 두지 않고, 청소를 말끔히 하는 것으로 집안의 금전운은 높아지며 아이 장래의 금전운도 안정됩니다.

물이 없어 금전운이 좋아하는 서쪽의 복도

노랑과 하양의 꽃이나 그림, 유럽 거리의 풍경화로 금전운을 잡는다

좋은 풍수 인테리어　　서쪽은 금전운이 좋아하는 장소인데 이곳에 물이 있으면 금전운에 큰 피해를 주게 됩니다. 그러나 복도는 물이 없는 공간이므로 금전운에는 아무런 문제도 없으니 안심하십시오.

　복도는 특별히 인테리어를 하기 어려운 곳으로 생각하는 사람이 많지만 물건을 너저분하게 두지 않는다면 금전운을 만족시키는 충분한 공간을 만들 수 있습니다.

내부 장식은 한마디로 고급스럽든지 아기자기하게 꾸며주고, 조명은 밝은 편이 좋습니다. 바닥은 어두운 색조의 플로링이나 갈색 계열의 카펫, 벽이나 천장은 옅은 베이지색 계열이나 크림색 계열이 좋고, 벽 아랫쪽에 대는 판자를 설치하거나 귀여운 꽃무늬가 산만하지 않은 벽지 등을 포인트로 사용해도 좋겠지요. 바닥이나 난간은 항상 반짝반짝 빛나게 청소하십시오.

풍수로 부자되는 인테리어 꾸미기　　서쪽에서 오는 금전운은 노랑과 하양에 끌려 다가오므로 벽에 이들 색상의 꽃이나 그림, 유럽 거리의 풍경화나 그림엽서, 조금 고급스런 느낌의 그림접시나 도자기판을 장식하면 금전운의 마음을 완전히 잡을 수 있습니다. 금전운이 있는 사람과 만나고 싶고 돈을 불러들이고 싶다면 그 위에 분홍을, 헛된 지출을 감소시키려면 파랑을 포인트로 더해주십시오.

황금색 계열의 후크나 도자기제품의 스위치 플레이트 등은 서쪽과 풍수적으로 좋은 아이템입니다.

잘 정돈하면 돈에 구애받지 않는 서쪽의 수납

깨끗이 정리하면 금전운이 올라가 돈에 구애받는 일이 없다

좋은 풍수 인테리어　　서쪽은 물건을 모아두거나 저장하기에 최적의 장소입니다. 이 방위에 수납이 있고 말끔히 정리되어 있다면 금전 운이 올라가 돈에 구애받지 않게 됩니다. 그러나 더러워진 수납은 한 때 일시적으로 돈이 들어왔다가도 헛된 지출로 고통이 끊이질 않는 답니다.

내부 장식은 하양이나 갈색·크림색·베이지색 계열이 좋고 수납 공간의 문은 거울 같이 윤이 나게 마무리하거나 나뭇결이 살아있는 것이 좋겠지요. 역시 손잡이나 후크는 광택이 있는 것이 좋고, 칸막이 대신에 흰 레이스 등을 사용할 것을 권합니다.

풍수로 부자되는 인테리어 꾸미기　서쪽 방위의 수납에는 식품류, 스테인리스제품의 노랑·분홍·하양의 물건을 모으십시오. 가을을 상징하는 것이나 지갑·화장품을 수납하는 것도 현상금이나 복권운 을 좋게 합니다. 동쪽에 현관이 있고 서쪽에 수납이 있다면 서쪽과 풍수적으로 좋은 아이템을 함께 수납하면 더욱 좋겠지요.

11장 집의 북서쪽에서 돈을 불러들인다

출세운이나 재물의 기운을 취급하고 있어 큰 돈을 남기거나 복권에 당첨될 수 있다. 하지만 북서쪽이 나쁜 풍수라면 남성은 박력이 없고 헛된 지출이 많아진다.

넉넉한 품격이 금전운에 좋은 북서쪽의 현관
인테리어 색상은 베이지색 · 초록 · 오렌지색에 황금색이 좋다

좋은 풍수 인테리어　　북서쪽의 현관은 넓고 넉넉한 품격이 있는 현관이 금전운에 좋습니다. 현관문이 달린 부분은 밖에서 보아 오른쪽에 있고 문패도 오른쪽에 있으면 좋습니다. 현관 입구의 신발을 벗어 놓는 곳은 베이지색 계열이나 갈색의 타일을 사용하거나 흑어영석(黑御影石, 석조에 사용되는 가장 견고한 돌) 이외의 돌을 붙이고, 홀 바닥은 무크의 플로어를 깔든지 프랑스나 영국산(産)의 카펫을 깝니다. 벽과 천장도 이 색에 맞추며, 황금색 계열의 손잡이를 사용하

여 화려한 느낌으로 정리하고, 천장 중앙에 샹들리에의 밝은 조명이
있으면 돈에 곤란함이 없습니다.

　북서쪽의 현관은 현관 포치가
부서졌거나 화려하지 않으면 현관 밖의 포치에 흰 나무화분에 상록
수를 심어놓으십시오. 그리고 고급스런 매트나 장식물, 그림을 장식
하십시오. 인테리어 색상은 베이지색·초록·오렌지색에 황금색입
니다. 슬리퍼는 천을 만든 고급스러운 제품을 사용하십시오.
　남편이 손으로 만든 것을 두거나 남편의 구두나 슬리퍼, 코트 등
남편의 물건을 항상 놓아두면 좋습니다.

기의 집중을 막는 북서쪽의 계단

서쪽으로 들어오는 햇빛을 차광하고, 조명은 밝은 것으로 한다

좋은 풍수 인테리어　북서쪽의 계단은 계단 디딤판을 어두운 색
조의 나무색을 칠합니다. 카펫이라면 갈색이나 초록 계열로 하고, 벽
과 천장은 베이지색 계열로 하며, 계단의 폭은 넓고 넉넉하게 합니
다. 통풍이 될 정도의 작은 창이 있고, 조명은 조금 화려한 것이나 둥
근 볼이 달린 것이라면 북서쪽의 사업운이나 재물운을 감소시키는
원인을 막아줍니다.

214

   계단은 본래 기의 집중을 막습니다. 창이 크고 서쪽의 햇빛이 들어온다면 베이지색의 블라인드로 차광하고, 반대로 조명이 어둡다면 밝은 것으로 바꿔주십시오. 그리고 계단에 여러 가지 물건들을 놓는 것은 좋지 않지만 흰 화분에 작은 식물을 심어 놓거나 가족이 찍은 사진이나 시골 그림, 성(城) 그림은 괜찮습니다.

화려한 내부 장식이 어울리는 북서쪽의 부엌

정중앙선상에 싱크대나 가스렌지가 있으면 풍수 처리를 한다

좋은 풍수 인테리어   북서쪽 부엌의 내부 장식이 조금 화려하게 되어 있으면 금전운이 좋아합니다. 그리고 바닥은 플로링이 최고이지만 비닐시트로 한다면 갈색으로 하여 안정된 분위기를 연출하며, 바닥 밑 커다란 수납은 사우선상에서는 달지 않는 것이 좋습니다.

또 천장과 벽은 베이지색 계열·갈색 계열·크림색·초록 계열, 타일은 베이지색 계열, 시스템부엌의 문짝은 짙은 색의 나뭇결풍 등을 사용하고, 조명은 황금색 계열의 장식이 붙어있는 것을 사용한다면 부자가 되는 부엌입니다.

좋지 않은 풍수 인테리어   부엌이 북서쪽에 있고 정중앙선상에

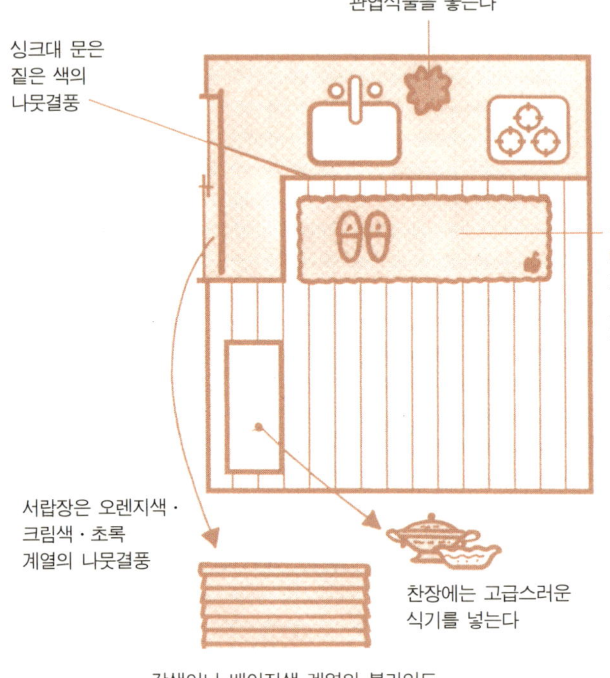

- 부엌의 타일은 베이지색 계열
- 천장과 벽은 베이지색 계열 · 갈색 계열 · 크림색 · 초록 계열
- 바닥은 플로링이 가장 좋다. 비닐시트라면 갈색 계열
- 골드 계열의 장식품이 붙어 있는 조명

싱크대나 가스렌지가 있으면 큰 돈이 필요할 때 금전운이나 출세운·명예운·말년운을 감소시킵니다. 결국 좋지 않은 풍수 인테리어인 것입니다.

풍수로 부자되는 인테리어 꾸미기　우선 서쪽에서 들어오는 햇빛부터 처리합시다. 서쪽의 해는 갈색이나 베이지색 계열의 블라인드나 커튼으로 차광합니다. 가스렌지나 싱크대 근처에 관엽식물을 두십시오. 식기장에는 고급스런 식기를 넣어주십시오. 부엌 내에는 쌀과 소금 그리고 물과 술을 준비해놓으십시오.

부엌용품은 오렌지색이나 초록 계열·크림색·나뭇결도 좋으며, 수건이나 슬리퍼 등은 빨강이나 파랑, 보라의 포인트가 들어간 것으로 합니다.

그림과 사진이 금전운을 부르는 북서쪽의 식당

한적한 풍경화나 산사의 그림, 선조나 가족의 사진이 좋다

좋은 풍수 인테리어　온돌식으로 차 마시는 공간을 같이 사용한다면, 천장이 높고 약간 넓은 것이 좋습니다. 서양식이라면 조금 소박한 인테리어로 창은 서쪽이나 북쪽에 모두 출창 형태로 작게 합니다. 바닥은 짙은 갈색의 플로링이나 오렌지색 계열·초록 계열의 비닐시트를 사용합니다. 벽과 천장은 베이지색 계열의 클로스 또는 합판으로 처리하고, 가구는 무크재의 짙은 갈색처럼 중후한 것으로 합니다. 말발굽 모양의 의자를 사용하면 완벽합니다.

이런 북서쪽의 식당은 커다란 금전운과 승부운을 얻게 됩니다.

풍수로 부자되는 인테리어 꾸미기　좁고 안정되지 않은 식당은 우선 벽에 그림을 장식하십시오. 한적한 풍경화나 산사의 그림, 선조나 가족의 사진이 금전운을 부릅니다. 관엽식물을 흰 화분에 심고 오렌지색이나 노란 리본을 묶어 꽃을 장식하는 것도 좋은 아이디어입니다. TV는 동쪽에 두며, 북서쪽에는 플로어 스탠드와 식물을 두고, 앉는 위치도 남편이 북서쪽에 앉도록 합니다.

화려한 인테리어가 사업운에 좋은 북서쪽의 거실
화려하고 품격이 있는 인테리어는 사업운 · 재산운의 혜택을 받는다

좋은 풍수 인테리어　서양식이라면 넓고 내부 장식이나 인테리어가 화려한 방이 사업운 · 재산운에도 혜택을 받습니다. 온돌식의 경우는 온돌방의 양 옆에 합판을 붙이고 거기에 응접세트를 두는 디자인으로 툇마루를 설치하고, 출창 형태의 창도 덧문을 붙인 것이 이상적입니다.

인테리어 기본 색상은 베이지색 계열이나 초록 계열로 정리하십시오. 가구는 크고 목재가 견고한 것을 사용하고 집안에 신을(예를 들어 불상이나 예수 등 자신이 믿는 종교의 신을) 모셔놓거나 차 마시는 곳으로 활용하면 금전운을 높이는 데 아주 좋습니다.

풍수로 부자되는 인테리어 꾸미기　북서쪽에 거실이 있는데도 금전운이 오르지 않는 인테리어라면 가족이 함께 모여서 찍은 사진을 장식하거나 트로피나 상장 등을 말끔히 액자에 넣어 북서쪽에 장식하거나 놓아두십시오.

창은 초록이나 베이지색의 무지 또는 이러한 색이 들어간 스트라이프의 두꺼운 커튼을 하고 창 옆에 관엽식물과 둥근 디자인의 스탠드를 놓아두십시오. 둥근 형태의 커다란 화병이나 크고 안정된 그림을 장식하고 남편의 물건을 놓는 것도 좋겠지요. 또한 환기를 충분히 하는 것도 잊지 말도록 하십시오.

승부에서 지기 쉬운 북서쪽의 욕실

사우선상에 욕조와 욕실보일러가 있으면 겁쟁이가 된다

좋은 풍수 인테리어　넓은 노송나무 욕조를 사용하고, 벽이나 바닥에도 나무 재질로 인테리어하는 것이 좋습니다. 바닥이나 벽은 타일이나 돌을 갈색이나 베이지색 계열로 사용하면 금전운을 높이는 데 도움을 줍니다. 그리고 출창이 있고 거기에 식물이나 꽃 등을 장식하며, 조명은 되도록이면 두 군데에 설치하여 밝게 하는 것이 좋습니

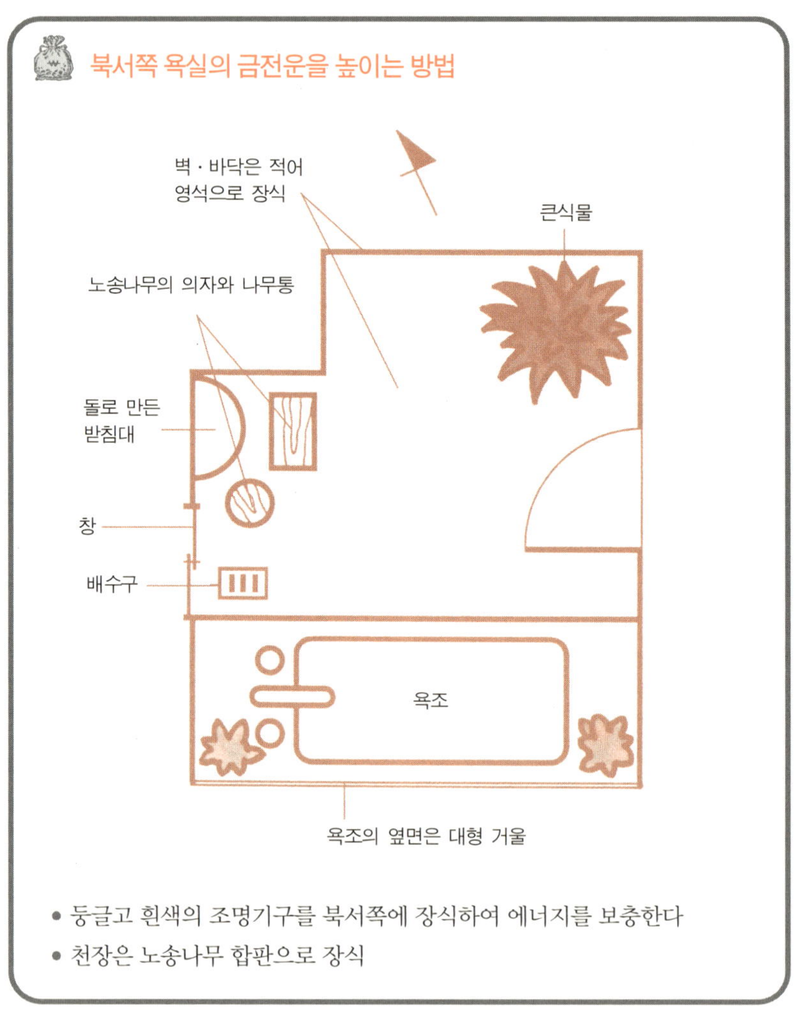

• 둥글고 흰색의 조명기구를 북서쪽에 장식하여 에너지를 보충한다
• 천장은 노송나무 합판으로 장식

다. 천장은 적어영석(赤御影石)과 노송나무 합판으로 금전운의 결함을 없앱니다.

　사우선상의 욕조, 욕실보일러가 있으면 겁쟁이가 되거나 승부에 반드시 지는 등 그다지 좋지 않습니다. 이 경우 욕실용품은 목재의 것이나 초록 계열·베이지색 계열로 합니다. 식물을 놓아두고 수건이나 입욕제 등도 이와 같은 색으로 통일하면 좋겠지요.

창이 있다면 블라인드를 설치하고 창이 없는 욕실은 보라색이나 하양의 용품을 더하고 환기를 확실하게 합니다.

환기를 충분히 해야 좋은 북서쪽의 세면대

환기를 충분히 하고 햇볕에 말린 수건을 사용한다

좋은 풍수 인테리어　북서쪽의 세면대는 환기와 밝기가 중요합니다. 창문은 작고 채광이 충분히 되며, 조명을 두 곳에 설치하여 안이 밝게 하고, 거울은 큰 것을 사용합니다. 소재로는 내수성과 곰팡이를 방지하는 도장을 한 나무재료를 사용하고, 화장대의 카운터도 목재를 사용하는 것이 좋습니다. 세면대는 하양이나 베이지색, 금전운 파워를 높여주는 노랑을 쓰면 금전운을 하락시키지 않습니다.

　　북서쪽의 세면대가 좁고 어두워서 나무로 된 내장이 아니면 오렌지색·하양·노랑·베이지색이나 초록의 블라인드를 사용하세요. 수건이나 매트 등도 같은 계열의 색으로 통일합니다. 대나무제품의 매트와 밝은 분위기로 꽃이 작은 그림과 관엽식물을 놓아두십시오. 북서쪽의 하락한 기(氣)를 보강하려면 환기를 충분히 해야 하며, 수건 등은 햇볕에 말려 사용하는 것이 금전운을 높이는데 좋습니다.

화분을 놓아두면 좋은 북서쪽의 화장실

관엽식물을 두고 화장실용품은 노랑과 베이지색·초록으로 한다

좋은 풍수 인테리어　　조금 화려하고 넓으며, 변기가 사우선상에 오지 않는 것이 좋습니다. 조명은 간접 조명을 설치하고, 창문은 작게 해야 합니다. 바닥이나 벽·천장은 베이지색 계열이나 초록 계열, 타일이나 돌로 장식하기도 하고, 나뭇결 내장이라면 금전운은 나빠지지 않습니다.

풍수로 부자되는 인테리어 꾸미기　　그렇지 않은 북서쪽 화장실이라면 작더라도 관엽식물을 놓으십시오. 슬리퍼나 매트 등의 용품은 노랑과 베이지색, 초록으로 하고 너저분한 소품을 놓아서는 안 됩니다.

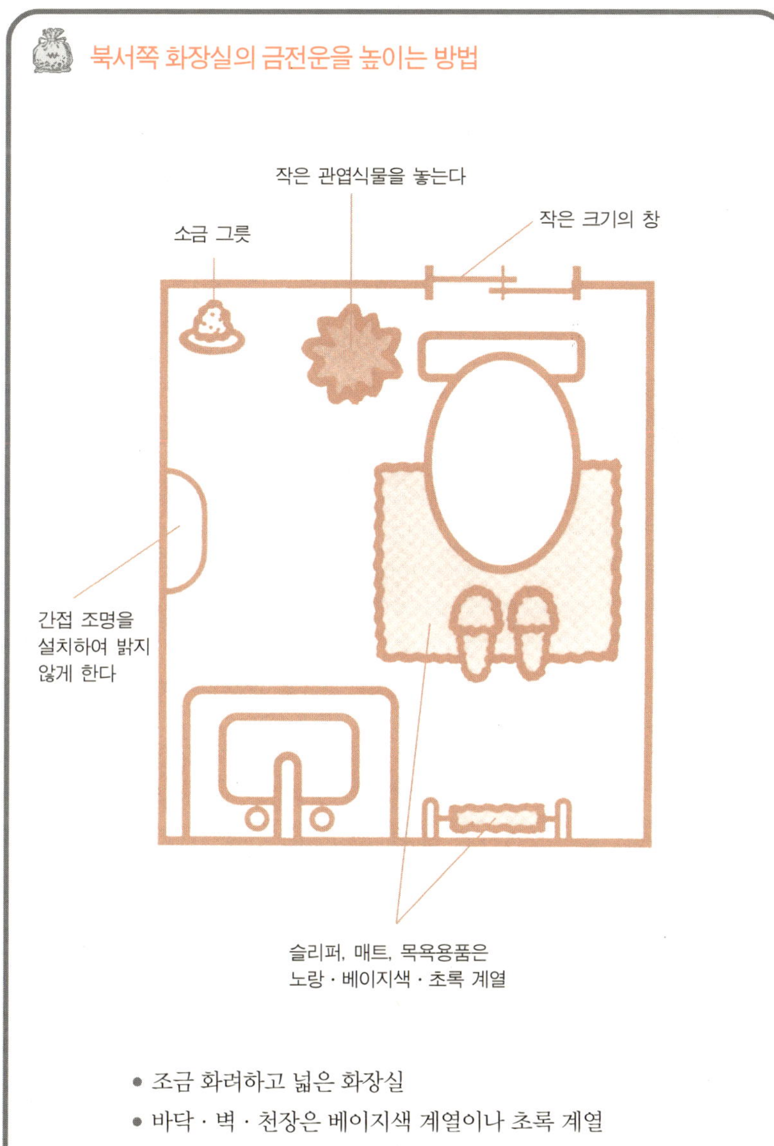

- 조금 화려하고 넓은 화장실
- 바닥 · 벽 · 천장은 베이지색 계열이나 초록 계열
- 타일이나 돌로 된 장식과 나뭇결무늬로 인테리어

넓고 화려한 방이 좋은 북서쪽의 침실
서재공간을 만들면 남편의 업무운이 상승한다

좋은 풍수 인테리어   지나치게 큰 창은 좋다고는 말할 수 없지만 환기용으로 창이 있어야 하고, 베이지색 계열이나 갈색을 내부 장식으로 사용합니다. 바닥도 서양식이라면 색상은 문제가 되지 않지만 소재는 무크의 플로링으로 하는 것이 좋습니다. 가구도 묵직한 목재의 것을 사용하면 중년 이후의 부부에게 있어서 북서쪽의 침실은 풍수상 대단히 좋습니다. 서재가 붙어있다면 더욱 좋겠지요.

아무튼 북서쪽의 침실은 넓은 것이 좋습니다. 이러한 인테리어라면 금전운도 매우 좋습니다.

풍수로 부자되는 인테리어 꾸미기   중후한 이미지로 되어 있지 않다든가 금전운이 좋지 않은 사람은 빌로드제품의 고가의 커튼에 럭키컬러를 사용하며, 페브릭은 베이지색이나 초록 계열에 노랑이 들어간 스트라이프가 좋습니다.

그리고 방의 북서쪽에 남편의 책상과 책장을 두고 서재 공간을 만들면 남편의 업무운이 상승합니다. 공간이 없는 경우에도 물건을 수납하는 장롱서랍 등은 북서쪽에 둡니다. 북서쪽의 침실은 화려하게 보이는 것이 제일입니다. 금도금이 된 스탠드를 두거나 벽에 유화를 장식해주십시오.

10 남자아이에게 좋은 북서쪽의 아이 방
책상은 동쪽에 놓고 자는 위치도 동향으로 한다

좋은 풍수 인테리어　북서쪽 아이들의 방은 크고 사우선상에 큰 창이 없어야 하며, 바닥·벽·천장은 나무재질로 통일시키든가, 남자아이라면 베이지색 계열이나 초록 계열, 여자아이라면 분홍 계열로 인테리어를 하면 집의 재물운이 다음 대에도 크게 자랍니다.

북서쪽에 있는 아이 방은 여자아이도 좋지만 남자아이에게 더욱 좋습니다. 하지만 겨울엔 추우므로 꼼꼼히 단열재를 벽에 넣고, 커튼도 겨울에는 두꺼운 것으로 난방을 잘 해야 합니다.

풍수로 부자되는 인테리어 꾸미기　북서쪽의 아이 방이 좁고 게다가 파워가 부족한 내부 장식이라면 책상은 방 동쪽에 동향으로 놓고, 자는 위치도 동남쪽에 동향으로 자게 해야 아이의 금전운을 자라게 할 수 있습니다.

인테리어를 할 때는 페브릭이나 커튼, 침대커버 등을 초록이나 오렌지색이 들어가 있는 따뜻한 색 계열의 체크무늬나 스트라이프로 하는 것이 잘 어울립니다.

그리고 방안에 관엽식물을 두고 음악을 동쪽에서 들리도록 하며, 상장을 액자에 넣어 북쪽과 북서쪽의 벽에 걸어두십시오. 또 아이가 그린 그림을 액자에 넣고 동남쪽 벽에 걸어주십시오.

종교적으로 성스러운 북서쪽의 복도

북서쪽은 종교적으로 신을 모시는 가장 격이 높은 공간이다

좋은 풍수 인테리어 북서쪽은 신(神)을 모시는 가장 성스러운 공간입니다. 조금 넓고 넉넉한 공간이라면 북서쪽의 운기(運氣)는 만족할 것입니다.

내부 장식은 고급스런 느낌을 갖게 하는 것이 좋습니다. 그러므로 무크재의 플로어나 유럽제의 카펫을 사용하여 호화로운 분위기로 정리하면 복도라도 자랑의 공간이 될 수 있습니다.

조명을 고급스런 느낌의 것으로 하거나 황금색 계열의 후크 등 소품에도 신경을 쓰십시오.

풍수로 부자되는 인테리어 꾸미기 고급스런 매트를 바닥에 깔거나 벽에 고급스런 느낌이 있는 유화를 장식하는 것이 좋습니다. 그림은 안정된 시골 풍경화나 성(城)의 사진이 좋습니다. 이곳의 금전운을 높여주는 럭키컬러는 초록·갈색·베이지색·하양·오렌지색·노랑이므로 이를 색상이 들어간 그림이 풍수상 좋습니다.

장식물을 놓는 공간이 있다면 7복신(福神)의 장식물이나 간지(干支)의 장식물을 놓아둡니다. 그리고 주인의 파워를 높여주는 지구의나 희고 둥근 조명을 다는 것도 좋겠지요. 또 가족사진을 장식하는 것도 좋습니다.

남편의 파워를 높여주는 북서쪽의 수납

남성의 파워 상승을 위해 남편의 물건을 중점적으로 모아두면 좋다

좋은 풍수 인테리어　북서쪽은 남성, 특히 한 가정에서 남편의 파워를 좌우하는 공간이라 여기에 집주인의 서재 등이 있으면 업무로 활약할 수 있고, 금전운이 올라가며 큰 재산을 남길 수 있습니다.

북서쪽에 있는 옷장은 베이지색이나 하양·갈색·초록 계열이나 나뭇결로 마무리하면 풍수적으로 상당히 좋습니다. 집주인의 파워를 높이기 위해 집주인의 물건을 모아두는 것도 좋겠지요.

풍수로 부자되는 인테리어 꾸미기　북서쪽에 있는 수납에는 남성의 애용품이나 자신이 믿는 신(神)과 관계된 물건, 조상의 물건, 부모로부터 물려받은 것, 고급스런 느낌이 있는 것이나 브랜드제품을 수납해두면 좋습니다. 또 가족앨범 등도 좋습니다. 다만 부적을 옷장이나 반침에 쓰는 것은 좋지 않습니다. 그리고 선물 받은 물건은 모아두지 말고 사용하는 것이 좋습니다.

북서쪽의 수납은 희고 둥근 물건도 좋지만, 희고 사각인 물건이 파워를 더욱 높여줍니다. 또 동남쪽에 현관이 있고 북서쪽에 수납이 있으면 북서쪽의 럭키 아이템에 동남쪽의 럭키 아이템인 꽃무늬 물건이나 스트라이프가 들어간 물건, 나무나 꽃과 같은 식물을 이미지를 더해두면 좋겠지요.